# よくわかる慰安婦問題

西岡力

草思社

# はじめに

この本は大きく二部に分かれている。

第一部では、一九九二年から行われてきた慰安婦問題をめぐる論争の歴史を取り上げる。ここでは日本の中の、事実を曲げて日本を貶《おとし》めようとする反日勢力（とあえていいたい）との論争について述べる。

この論争は主として九二年ころから翌九三年まで私を含む一部専門家の間で激しく続き、「強制連行は証明されない」ということでほぼ決着した。しかし、この専門家レベルでの論争は産経新聞さえ大きく扱わず、逆に、慰安婦強制連行というデマは消えるどころか内外に拡散していった。そして、九三年八月、宮沢政権は、朝日新聞などの意図的捏造報道と韓国政府からの外交圧力に負けて、あたかも強制連行を認めたかのように読める河野談話を出してしまう。

その後、日韓の反日勢力は、「強制連行は証明されない」という論争結果を意図的に隠しながら、河野談話を利用して反日宣伝を続け、九六年には日韓両国の中学歴史教科書に慰安婦強制連行が書き加えられてしまう。

ここで、「新しい歴史教科書をつくる会」に代表される良識的学者らが立ち上がり、産経新聞も論争に加わり、テレビや新聞、雑誌などで再び激しい論争が起きる。私も、九二年段階での論争の成果を広く伝える形で、強制連行はなかったと論陣を張った。政界でも、中川昭一、安倍晋三など当時の良識派若手自民党議員が「日本の前途と歴史教育を考える若手議員の会」を結成して、真剣に問題と取り組みだす。この段階で、朝日新聞や左派学者らは、連行における強制だけが問題でないとして、慰安所の生活などにおける強制性を強調しだすが、説得力が乏しく、二〇〇〇年代に入り、日本の中学歴史教科書からは慰安婦強制連行の記述が削除される。

第一部では、このような論争の経緯を、私が関係した部分を中心に整理した。

国内における論争は私たちの勝利で終わったのだが、昨年、二〇〇六年九月、「日本政府が、一九二〇年代から第二次世界大戦までアジアと太平洋諸島を植民地支配した期間、世界が『慰安婦』として知るようになる、若い女性を性奴隷とした」とする驚くべき決議が米国議会下院の国際関係委員会で採択された。そして今年（二〇〇七年）に入り、アメリカでマイク・ホンダ議員などにより新たな決議が提出されてきたことから生じる問題について述べる。

第二部では、なぜこのようなことが起きたのかを議論する。国内の反日勢力だけでなく、今度は国外の反日勢力のネットワークができつつある。つまり、国内の反日勢力が国外の反日勢力と結んで、日本包囲網をつくろうとしているということだ。とうとう、その魔の手がアメリカの議会にまで伸びてしまったということである。

国内の論争ではこちらが勝っていたが、論争に負けた国内の反日勢力が外と結んで、逆噴射を仕掛けようとしているというのが全体の構図である。

彼らにとって安倍政権は、国内の論争で負かされた相手なのである。その安倍晋三が政権を獲って、日本をいよいよ正常化しようとしていることに対して、外の力を使って、日本正常化の動きをつぶしにかかっているというのが現在の状況といっていいだろう。

そして第二部の最後で、われわれがなすべきことを提言する。まず体系的な反論だ。国内で行われた論争の成果を国際社会にきちんと伝えること。具体的には、「権力による組織的な慰安婦強制連行はなかった。日本国は、河野談話を含めて、これまでその存在を認めてはいない。一方、日本国は、宮沢総理から安倍総理まで一貫して、民族の自決と尊厳を認めない帝国主義時代に、多くの女性たちが戦地で日本軍人を相手にする売春業に従事せざるを得ず、苦痛を受けたことに対して遺憾の意と心からの同情、すまないという気持ちを示してきており、これに変化はない」と、政府が公式に明言することだ。

同時に、中国共産党や金正日の独裁体制、すなわち自由民主主義に反する政治勢力が、今、自分たちがやっているすさまじい人権侵害という問題を脇に置いたまま、過去のことを持ち出して、日本を孤立させようとするという大きな枠組みがある。そのことを暴露しなければならない。

そして価値観外交の国際ネットワークづくりで逆攻勢をかける。反日勢力のネットワークに対しては、価値観を同じくする自由民主主義勢力のネットワークをつくって、日本正常化、そして東アジアでの真の意味の平和と安全と自由のために戦っていくべきだ。それが、本書を通じて私が述べたい結論だ。

◉目次

## 第3章　慰安婦問題のウソ

## 第4章　日本外交の失態

## 第2部　誰が慰安婦問題をつくりあげたのか

### 第5章　世界に広がる「性奴隷」のイメージ



### 第6章　日本非難が始まる！

# 第1部

# 慰安婦問題とは何だったのか

# 第1章　従軍慰安婦訴訟の主役

## 「ドレイ狩り」の捏造証言

私が慰安婦問題と関わるようになったのは、一九九一年からである。今から十六、七年前のことだ。

私自身、最近は拉致問題を中心とする北朝鮮問題に主として取り組んでいるが、本来の専攻は日韓関係で、大学院の修士論文のテーマは、「戦後韓国知識人の日本認識」というものだった。一九五〇年代から七〇年代まで、韓国がどういうことをテーマに、どのような論理で日本を批判してきたのかということをかなり一生懸命調べた。その後、一九八二年から八四年まで、外務省の専門調査員としてソウルの日本大使館に勤務した。

そのとき外務省から与えられた調査テーマも修士論文の延長線上にある「韓国人の日本

観」だった。そこで、歴史問題の最初のものとなる、第一次教科書問題が起きたのである。
実はこれも、その後に起きる慰安婦問題などと同じ文脈なのである。つまり、日本の反日勢力が、中学の教科書の検定で文部省が「侵略」を「進出」に書き直させたという誤報を大きく報道し、その誤報によって、宮沢喜一官房長官が日本政府として韓国と中国に謝罪した。これによって検定基準に、「近隣のアジア諸国との間の近現代の歴史的事象の扱いに国際的理解と国際協調の見地から必要な配慮がされていること」という項目が加えられることになったのである。

私は、歴史学者ではないが、地域研究者としてこういうことをずっと観察してきた。それでわかったことは、日韓関係がどのようなことでおかしくなったか、あるいは、どのようにパーセプションギャップ（認識のずれ）が生まれ、それは誰が焚きつけているのかということだった。それで一九九二年に出した私の最初の本は、『日韓誤解の深淵』というタイトルになった。

これは慰安婦問題と教科書問題などを扱った本だが、私はこのときからずっとこれらの問題を観察し、さらに慰安婦問題で、反日勢力とずっと論争してきた、と自負しているのだが、その経緯をまず述べておきたい。

一九八三年に慰安婦に関する日韓の認識を大きく歪める吉田清治著『私の戦争犯罪　朝

鮮人強制連行』(三一書房)が出版された。吉田はこの本の「まえがき」で、こう書いた。

私は昭和十七(一九四二)年から敗戦までの約三年間にわたって、「山口県労務報国会」の動員部長として、朝鮮人の徴用業務に従事したが、私は朝鮮人にたいして、「ドレイ狩り」を、「臣道実践」「滅私報国」の日本精神による「愛国心」をもって行ったのである。(中略)戦後生まれの日本人青少年・少女たちへ、私たち日本人が朝鮮人を「ドレイ」にしていた歴史的な事実の一端を書き残して、日本人が「文明人」となるための反省の資料にしてもらいたいのである。

---

二〇〇七年に入り、米国議会下院に、「戦中、日本が朝鮮人をはじめとするアジア女性をセックススレイブ(性奴隷)として強制動員した」とする決議案が提出され、内外の物議を醸した。事実無根の決議案の源流は、実は、この吉田の「ドレイ狩り」をしたという捏造証言だった。

本書の大きなテーマの一つは、この吉田のウソの証言がどのようにして米国議会決議にまでつながっていったのかを明らかにすることだ。その観点から、まず、吉田の「告白」の一部を引用しておく。少し長くて読むのもうっとうしいが、我慢をしていただきたい。

私は直ちに部落内の女の狩り出しを命じた。路地に沿って石塀を張りめぐらせた民家は戸がしまっていて、木剣を持った隊員と、銃を持った兵隊が戸をあけて踏み込んで女を捜しはじめた。

私が石塀の上によじのぼって見渡すと、前方の大きな民家に女が二、三十人集まっていた。若い娘が年取った女と、板の間や縁側に一列に並んで坐り、馬の尾で編む円筒形の朝鮮帽子を作っていた。私が合図すると、隊員と兵隊たちが駆けだして行って、その民家へいっせいに突入した。

女の悲鳴があがり、隊員と兵隊のどなり声が聞こえはじめると、静まりかえっていた近くの民家から、男たちがとびだしてきて路地を走り、十数人の男たちがその民家の石塀の中に集まって騒ぎだした。隊員や兵隊たちは二人一組になって、泣き叫ぶ女を両側から囲んで、腕をつかんでつぎつぎに路地へ引きずりだしてきた。若い娘ばかり八人捕えていた。男たちが大声を上げて、朝鮮語で騒ぎ立てた。

両側に石塀がつづいた狭い路地で、徴用隊はたちまち、百人以上の部落民に前後の道を塞がれてしまった。群衆の中には、漁夫のような半裸のたくましい男たちが二、三十人いて、日本人を恐れる様子もなく、徴用隊に向かって、歯をむきだして叫び声を浴びせはじめた。

谷軍曹が兵隊に、「付け剣」の号令をかけた。兵隊たちが銃剣を向けても、部落民の叫び声はやまなかった。谷軍曹は兵隊に前進を命じた。兵隊のあとから隊員たちが、「アイゴー」の泣き声をあげる八人の娘を引きずって進んだ。屈強な男が五、六人、部落民の前に出てきて路地に立ちはだかり、両手を振って必死になってわめいた。兵隊の先頭のひげづらの上等兵が激怒して、銃剣を構えると、どなり声を上げて突進して行った。部落民は悲鳴をあげて後退し、男たちは石塀の中に逃げ込んだ。

道路のトラックに近づくと、娘たちがかんだかい悲鳴をあげてあばれだした。娘たちは体格が良く、日に焼けた顔をこわばらせ、白い歯であえぎながら、隊員たちともみあった。手を振り払われた隊員が、あわててうしろから羽がいじめにしようとして、娘が転んで草むらに折り重なった。白い朝鮮服の胸がはだけすそがまくれて、娘は下ばきの足を大きくばたつかせて、隊員がてこずった。兵隊たちが笑い声を上げておもしろがり、まわりに立って見物した。隊員が娘たちを取り押さえて、手をねじあげてトラックへ引っぱって行き、幌の中に押し込むと、徴用隊は直ちに出発した。

海岸沿いの幹線道路を五、六キロ東進すると、谷軍曹がトラックを岩山のかげの林の中へ乗り入れさせて言い出した。

「慰安婦の徴用警備は、兵隊たちが役得をあてにしています。ここで三十分小休止して遊ばせてやります」

谷軍曹の小休止の号令は、兵隊たちをよろこばせた。娘を積んだトラックから隊員たちが降りてくると、兵隊たちがいっせいに幌の中に乗り込んで行った。娘たちの悲鳴があがると、隊員たちは笑っていた。この娘たちは徴用されるとすぐ、兵隊たちに慰安婦にされてしまった。(同書一〇七～一一〇頁)

この告白が事実なら、慰安婦は〝性奴隷〟そのものだ。

吉田は同書で、慰安婦狩りは日本軍から出された「朝鮮人女子挺身隊《ていしんたい》を動員せよ」との命令に基づいて行われたと、命令書の内容を含めて詳細に書いている。その部分も引用しておく。

昭和十八（一九四三）年五月十五日、山口県警察部労政課へ、西部軍の司令部付きの中尉が来て、山口県労務報国会会長（県知事兼任）あての労務動員命令書の交付が行なわれた。労政課長は労務報国会の事務局長を兼務していて、労務報国会下関支部動員部長の私を陪席させた。軍命令の受領に陪席させられることは、その動員命令の実行を命ぜられることであった。

中尉の説明によれば、このたびの動員命令は西部軍管区の各県の労務報国会へ、朝鮮半島南部の各道を割り当て、動員総数は二千名であった。山口県労務報国会への動員命令は次の内容であった。

一、皇軍慰問・朝鮮人女子挺身隊二百名
一、年齢十八才以上三十才未満（既婚者も可、但し妊婦を除く）
一、身体強健なる者（医師の身体検査、特に花柳病の検診を行なう事）
一、期間一年（志願により更新する事を得）
一、給与　毎月金三十円也
　　支度金として前渡金二十円也
一、勤務地　中支方面
一、動員地区　朝鮮全羅南道済州島
一、派遣日時　昭和十八年五月三十日正午
一、集合場所　西部軍第七四部隊

女子の勤労報国隊が女子挺身隊と改称されて、女学校生徒や地域の処女会（女子青年団）の軍需工場勤労奉仕は女子挺身隊と呼ばれていたが、皇軍慰問の女子挺身隊とは、「従軍慰安婦」のことであった。（中略）

朝鮮人慰安婦二百名の、西部軍司令官の動員命令書は、山口県知事の山口県労務報国会会長名による徴用業務命令書となって、労政課長から私へ手渡された。（同書一〇〇～一〇二頁）

吉田は本を出したあと、同じ年、八三年の十二月に韓国までやってきて、謝罪を繰り返し、謝罪碑まで建てた。しかし、それ以上の発展はなく、この問題はいったん終わったかのように見えた。

吉田の本が出た直後に読んだ私も「吉田氏が本で書いている光景と、韓国で年長者が語ってくれた植民地時代の様子はかなり異なっている。だから、簡単には信じられない」と半信半疑だった。

一方、日本の朝鮮史学者、朝日新聞に代表される自虐派メディア、反日運動家らは、吉田の告白を検証もせずに無条件で信じ、一九八〇年代半ば以降、歴史書、事典などの記述に慰安婦の強制連行説が広がっていき、その結果、植民地時代を知らない世代の中で「慰安婦強制連行説」にむしばまれる者たちが増えてきた。この流れに乗って八九年頃から、当時の社会党議員が国会で慰安婦問題を取り上げはじめた。

韓国でも日本で広がった慰安婦強制連行説が、八〇年代末から少しずつ、女性運動家や左派メディアなどで取り上げられるようになってきた。「韓国挺身隊問題対策協議会」という団体が活動を始めるのもその頃からだ。

それらはほとんど、吉田の本や千田夏光の著書『従軍慰安婦』(正篇・続篇)などを引用する形で始まっていく。

実は、あとで見るように、韓国ではまったく異なる存在である「挺身隊」と「慰安婦」が混同され、挺身隊イコール慰安婦というデマがいつからか広く定着していた。そこに、吉田が、日本軍の命令で「挺身隊」の名前で慰安婦狩りをしたと書いたものだから、デマを信じる人がますます増えてしまったのである。

### 元従軍慰安婦の日本糾弾

吉田が本を出してから約八年後の九一年八月十一日、朝日新聞が「元朝鮮人従軍慰安婦戦後半世紀重い口開く」という大見出しを付けた、次のように始まる記事を載せた。

日中戦争や第二次大戦の際、「女子挺身隊」の名で戦場に連行され、日本軍人相手に売春行為を強いられた「朝鮮人従軍慰安婦」のうち、一人がソウル市内に生存していることがわかり、「韓国挺身隊問題対策協議会」（尹貞玉・共同代表、十六団体約三十万人）が聞き取り作業を始めた。同協議会は十日、女性の話を録音したテープを朝日新聞記者に公開した。テープの中で女性は「思い出すと今でも身の毛がよだつ」と語っている。体験をひた隠しにしてきた彼女らの重い口が、戦後半世紀近くたって、やっと開き始めた。

この記事では匿名だったが、彼女は本名「金学順」として八月十四日に記者会見をし、日本糾弾を続けた。そして、その年末には日本を訪れ、日本政府を相手に戦後補償を求める裁判を起こし、全国で講演会を開いたりした。

朝日新聞は、この人のことを大きく扱い、慰安婦に関する記事もたくさん出た。その結果、未解決の「従軍慰安婦問題」が存在し、日本政府として何か責任を取るべきことがあるのだという大きな世論の流れがつくられた。世の中は、日本の許し難い国家犯罪という思い込みの方向へと、どんどん向かっていった。

朝日新聞（九二年一月十一日）一面トップに、中央大学教授の吉見義明という歴史学者が、防衛庁の研究所から慰安婦の連行に日本軍が関与していたという資料を見つけたという記事が出た。それで、日本政府はあわてて、当時の官房長官加藤紘一の談話を出して、謝ったのである。しかし、これは朝日の意図的な報道だった。

あとで判明するのだが、吉見教授は、前からその資料を知っていたという。ところが、それを、金学順さんが裁判を起こし、慰安婦問題が盛り上がりを見せ、数日後に、宮沢総理が訪韓するタイミングで、朝日新聞がその資料を出してきたのである。

新聞には「とはもの」という業界用語がある。何か事件などを報道するとき、「〜とは」といった形で付ける用語解説である。吉見教授発見の資料を報じた記事にも、一面下段に「従軍慰安婦」について以下のような解説が付けられていた。全文引用する。

一九三〇年代、中国で日本軍兵士による強姦事件が多発したため、反日感情を抑えるのと性病を防ぐために慰安所を設けた。元軍人や軍医などの証言によると、開設当初から約八割が朝鮮人女性だったといわれる。太平洋戦争に入ると、主として朝鮮人女性を挺身隊の名で強制連行した。その人数は八万とも二十万ともいわれる。〔傍点西岡・以下同〕

傍点部分にある「挺身隊の名で強制連行」という語の存在に重大な意味がある。それを確認しておく。

当時、日本は、国家総動員法にもとづき勤労動員を行っており、「挺身隊」もその一環として女性を軍需工場などに勤労動員する組織である。慰安婦とはまったく関係がない。私の周囲にも「挺身隊員」として勤労動員されたというご婦人が多数いらっしゃり、慰安婦と、自分たちが動員された挺身隊とはまったく関係がないと、強く抗議していた。

制度的に言うと、女子の勤労動員は一九四一年の国民勤労報国協力令により、一四～二五歳の未婚女子が一四～四〇歳の男子といっしょに「国民勤労報国隊」に編成された。つづいて一九四三年からは、既婚の婦人も「女子挺身隊」として動員されたが、法的強制ではなかった。一九四四年、女子挺身勤労令（勅令五一九号）で一二歳以上、四〇歳未満の未婚女子の動員が法的強制力のある制度となり本格化した（『事典　昭和戦前期の日本』百瀬孝著・吉川弘文館　ほか）。

このような歴史的事実を朝日新聞は知らなかったのか？

そうではない。実は、植民地朝鮮においては挺身隊による強制動員の中に、勤労動員だけでなく慰安婦への動員も含まれていたという当時の左派・自虐派学者の「通説」があったのだ。

「43年からは〈女子挺身隊〉の名の下に、約20万の朝鮮人女性が労務動員され、そのうち若くて未婚の5万〜7万人が慰安婦にされた」(『朝鮮を知る事典』平凡社・一九八六年初版　この記述は同書二〇〇六年七月五日発行の「新訂増補版第四刷」でもそのまま残っている)

「四四年八月には『女子挺身隊勤労令』が公布され、数十万人の十二歳から四十歳までの朝鮮の女性が勤労動員され、その中で未婚の女性数万人が日本軍の慰安婦にさせられた」(武田幸男編『朝鮮史』山川出版社・一九八五年)

これらの記述はみな、吉田清治証言を根拠にしたものだった。吉田は先に見たように、一九八三年に出版した著書で一九四三年、軍の命令を受け、済州島で「皇軍慰問女子挺身隊」にするために女性狩りを行ったと書いた。

つまり、朝日新聞は、「主として朝鮮人女性を挺身隊の名で強制連行した」と書くことによって、このとき、吉田証言のような権力による強制連行があったと主張したのだ。今、安倍総理が否定している「狭義の強制連行があった」と主張していたわけだ。

朝日新聞は、一九九七年頃から、慰安所に入れられてからの生活が大変だったことなども「強制性」だと論点を変えているが、そのときに載った「用語解説記事」には、「制度としての強制連行」と書いている。

この頃から、「慰安婦狩りの生き証人」の吉田と、元慰安婦の金学順さんらが日本のテレビ、新聞に繰り返し登場し、日本糾弾を続けた。

朝日新聞九二年一月二十三日夕刊の論説委員コラム「従軍慰安婦」は、吉田の「国家権力が警察を使い、植民地の女性を絶対に逃げられない状態で誘拐し、戦場に運び、一年二年と監禁し、集団強姦し、そして日本軍が退却する時には戦場に放置した。私が強制連行した朝鮮人のうち、男性の半分、女性の全部が死んだと思います」という発言を括弧に入れて引用したうえで、次のように吉田とのやりとりを書いた。

マスコミに吉田さんの名前が出れば迷惑がかかるのではないか。それが心配になってたずねると、吉田さんは腹がすわっているのだろう、明るい声で「いえいえ、もうかまいません」といった。

---

この論説委員コラムを読むと、まさに吉田は、朝日新聞ご推薦だった。

自分が軍の命令で慰安婦狩りをしたという〝良心的証言者〟吉田と、吉見教授が見つけた軍の内部資料と、やられた側として名乗り出た元慰安婦おばあさんと、三つが揃った。この三点セットが、本書冒頭で引用した「奴隷狩り」のような、軍人らによる慰安婦強制連行を証明するものと、当時誤解された。いや、朝日新聞をはじめとする一部反日メディアや運動家はそれを使って、意図的に日本の名誉を貶めた。

当時の空気は、軍による朝鮮人慰安婦強制連行があったのに日本政府はそれを認めず、謝罪もしていない、あまりにも非人道的でひどい、ということになっていった。

今でもよく記憶しているが、有名な慶應義塾大学の小此木政夫教授も産経新聞九二年一月二十五日の「正論」欄に、「伝えられる内容はあまりにも悲惨であり、目を覆いたくなるほどである」として、事実関係の究明抜きの「政治的決着」を提案していた。

そのような中で一月十三日、加藤紘一官房長官が、「従軍慰安婦として筆舌に尽くし難い辛苦をなめられた方々に対し、衷心よりおわびと反省の気持ちを申し上げげたい」とする官房長官談話を出した。これが慰安婦問題に関する最初の日本政府談話だ。宮沢総理は同月十七日韓国に行き、盧泰愚大統領に「衷心よりおわびし、反省したい」と八回にわたり謝罪した。

### もともと日本人が韓国で起こした裁判

その頃、月刊「宝石」一九九二年二月号に、臼杵《うすき》敬子さんというジャーナリストの「もう一つの太平洋戦争　朝鮮人慰安婦が告白する　私たちの肉体を弄んだ日本軍の猟色と破廉恥」と題する慰安婦の人たちへのインタビュー記事が載った。金学順さんと二人の仮名の慰安婦がインタビューに応じていた。

私はそれを早速入手して、いったいこの人は何と言っているのか、吉田清治のように、本当に軍隊に強制連行されたと言っているのか、それが証明されたのだろうかと思いながら読んでみた。

ところが金学順さんは、四〇円でキーセン（妓生。朝鮮半島の芸妓・娼婦を指す）に売られたと語っているではないか。匿名のあとの二人も日本軍に連行されたなどとは語っておらず、これはなんだ？　と思った。

戦前の日本も朝鮮も貧困という社会問題が厳然と存在し、そのために女性が売春業につかざるを得ないという現実があった。それは周知のことで、ニュースでも何でもない。慰安婦が名乗り出たことがニュースになるには、権力による強制があればこそ、のはずだ。

加藤官房長官談話と宮沢首相の謝罪、その後の日本のマスコミの感情的報道を見ながら、私は、「おかしい、おかしい、これは巨大な詐欺かもしれない。権力による慰安婦強制連行はまだ証明されていない」と、強い疑問を抱き続けていた。

というのは、金学順さんらが起こした日本政府を相手とする補償を求める裁判が、実は、もともと日本人が韓国に行って「原告募集」というビラをまいて起こした裁判だという事実を知っていたからだ。

この慰安婦の人たちが名乗り出た裁判の原形になる最初の裁判が九〇年にあったのだが、その裁判を起こさせたのが、日本人であるという情報が、私に入ってきていた。そのことから、私は、ここには相当大きなウソがあるのではないかと思うようになったのである。

このとき、ちょうど、月刊「文藝春秋」が九二年二月十日発売の三月号で、『謝罪』するほど悪くなる日韓関係」という現代コリア研究所・佐藤勝巳所長と、拓殖大学の田中明教授の対談を掲載した。二人は私の師匠にあたる戦後の日本における韓国・北朝鮮研究の草分けにあたる専門家で、韓国にも友人知人が多かった。

対談で二人は、歯に衣を着せずに、今の日韓関係はおかしい、補償は日韓協定で全部終わっている、韓国に請求権白書という白書があって、そこには、韓国政府が、被害を受けた個人の補償を含めて、日本からもらったお金を何に使ったかが書いてある、などと議論しながら、韓国の謝罪要求とそれに応じる日本の謝罪の繰り返しにより、日本人の間で反韓、嫌韓感情が広がっていることを指摘した。そこで「慰安婦裁判はもともと日本人が起こしたものだ」ということも触れられた。

日本で三〇年とか四〇年、韓国研究をやっている人たちが、もう謝罪するのはよくない、謝罪すればするほど日韓関係が悪くなると、実名ではっきりと語ったのだから、衝撃は大きかった。韓国側からは妄言《もうげん》だとして激しく批判されることになる。

## 文藝春秋で真相究明の口火を切る

対談が日韓両国で波紋を呼ぶ中、月刊「文藝春秋」編集部から慰安婦問題について徹底的に調べて書いてみないかとの提案があった。たぶん、佐藤氏、田中氏のどちらかが私のことを推薦したのだと思う。

そのとき、正直に言うと、引き受けるかどうか迷った。先ほどから書いてきたように、その時点で私は、慰安婦問題をめぐる日韓マスコミの報道と政府の対応に、疑問がわき続け、大がかりな詐欺劇に見えていたから、事実関係を一つ一つ調査して一体何が起きているのかを世に提起することは、誰かがやるべきだと感じてはいた。

だが、事は、あからさまに語り合うことがはばかられるセックスに関わるものであり、そのうえ、植民地統治をした側の日本人が、被害を受けたというおばあさんたちを批判することにもなる。そうした原稿を書く作業は、できれば、自分以外の人がしてくれれば、とも考えた。

迷った末、ウソがはびこり、その結果、自分の研究対象であり、尊敬する先生、先輩、友人、知人が多数いる韓国と日本の関係が取り返しのつかなくなることを見過ごしていいのかと考え、引き受けることにした。

事実にもとづかない議論や謝罪ぐらい馬鹿馬鹿しいことはなく、また有害だという信念が、私にあった。一方、調べた結果、詐欺だと考えている私のほうが間違いで、戦前に日本が権力を使って罪のない朝鮮人女性を犠牲にしたことが明らかになれば、そのときは先頭に立って謝罪するつもりでもあった。

当時の「文藝春秋」の編集長は、「西岡さんと私が世間から極悪な人非人と呼ばれる覚悟をして真実を追究しましょう」と話して、編集部として全面的にバックアップする態勢をつくってくれた。優秀な編集者が一人べったりと張りつき、取材記者は何人使ってもいい、資料もいくら買ってもいい、予算はあるから、どこでも取材に行きましょう、という態勢になり、最後は都心のホテルに約一週間缶詰になって徹夜の連続で原稿を書いた。

私が一人で調査を引き受けるのではなく、一緒に調べるというプロジェクト・チームがスタートしたのである。

調査の基本は、慰安婦が、貧困のために身売りせざるを得なかった女性たちの悲劇の一つなのか、軍などの公権力を使った強制連行による「性奴隷」的存在だったのかを明らかにすることだった。

まず、私は吉見教授が発見したという「軍の関与」を示す文書を精読してみた。すると、重大な事実を確認できた。軍は慰安婦募集に関与はしているけれど、民間の業者が、軍隊の名前を騙《かた》って悪いことをするのをやめさせる、といった関与である。強制連行の証明にはならないどころか、軍が、民間業者による違法な募集をやめさせようとしていたもので、関与は関与でも善意の関与なのだ。

朝日新聞が報じた文書を同紙から引用する。陸軍省と中国に派遣されていた部隊との間で交わされていた文書集「陸支密大日記」に綴じ込まれていたものだ（原文はカタカナ、旧仮名遣い、漢字正字使用だが、朝日記事では平仮名、新仮名遣い、漢字略字使用に直されている）。

---

**軍慰安所従業婦等募集に関する件**（副官より北支方面軍及中支派遣軍参謀長あて通牒案）

支那事変地における慰安所設置のため内地において従業婦等を募集するに当たり、ことさらに軍部了解等の名義を利用し、軍の威信を傷つけかつ一般市民の誤解を招く恐れあるもの、あるいは従軍記者、慰問者等を介して不統制に募集し社会問題を惹起する恐れあるもの、あるいは募集に任ずる者の人選適切を欠き、募集の方法、誘拐に類し警察当局に検挙取り調べを受けるものある等注意を要するもの少なからざるに、ついては将来これらの募集などにあたっては派遣軍において統制しこれに任ずる人物の選定を周到適切にしその実施にあたっては関係地方の憲兵および警察当局との連携を密にし、軍の

威信保持上並びに社会問題上遺漏なきよう配慮するよう通牒す。 陸支密第745号
昭和十三年三月四日
――

この文書で軍による強制連行は証明されない。朝日新聞はこの文書とともに別の二文書についても軍の関与を示すとして報じていたが、それも、戦地で日本軍が強姦事件を起こすと敵の政治宣伝に利用されるので、軍紀を引き締めると同時に慰安所を設置することを提起している文書などだ。

合理的に考えるなら、戦地での民心離間を心配する軍が、一部で抗日独立運動が続いていた植民地朝鮮で慰安婦強制連行を行い、朝鮮における民心離間を誘発するはずがない。つまり、吉見教授文書は、権力による強制連行を証明するものではなく、むしろそれがなかったことを示唆するものだった。

しかし、当時の雰囲気は朝日新聞等の報道ぶりと、加藤官房長官のあわてぶりなどから、あたかも権力による強制連行が明らかになったかのような、集団錯覚、詐欺劇が展開されていた。

# 第2章　「強制連行」はあったのか？

## 遺族会幹部と朝日記者のつながり

私は、名乗り出た元慰安婦たちがどのような証言をしているのか、彼女らの証言により、権力による強制連行が確認されるのかを調べた。

彼女たちは裁判を起こしたのだから、まず訴状を入手しようということになり、これを入手してみた。すると月刊「宝石」で読んだのと同じように、次のように書いてあった。

家が貧乏なため、金学順も普通学校を辞め、子守や手伝いなどをしていた。金泰元という人の養女となり、一四歳からキーセン学校に三年間通ったが、一九三九年、一七歳（数え）の春、「そこに行けば金儲けができる」と説得され、金学順の同僚で一歳年上の女性（エミ子といった）と共に養父に連れられて中国に渡った。（金学順さんらが九一年十二月六日、東京地裁に提出した訴状、平林久枝編『強制連行と従軍慰安婦』日本図書センター・一九九二年に全文収録）

はっきりと、家が貧しくてキーセンになったと書いている。これは、日本でいう身売りと同じケースじゃないかと文春編集長らと話し合った。これでなぜ強制連行になるのだ？調べていくと、ここでも朝日新聞の悪質さが目立っていた。「この裁判を起こしている韓国の被害者団体の幹部の娘と朝日新聞の記者が結婚している」という情報を入手したのだ。

韓国に「太平洋戦争被害者遺族会」という団体がある。その常任理事だった梁順任という女性の娘と朝日新聞の記者、植村隆が結婚している。そのうえ、この慰安婦問題を主として書いているのが、その植村記者だというのである。

この情報が事実なら、植村記者は義理の母親らの裁判を有利にする捏造記事を書いたことになるのではないか。

とにかく当たれるところは全部当たろうということになり、私は朝日の記者の義理の母親とされる人物に韓国まで会いに行くことにした。

文春編集部は、韓国の取材では遺族や関係運動家などから暴行されることもあり得るのではないかと心配し、ボディガード役に記者を一人連れて行くことを勧めた。韓国語のわからない人が同行しても、結局こちらが通訳をしてあげるなど負担が増えるだけだと考え、それを断り一人でソウルに向かった。

知り合いの日本人特派員から遺族会の電話を聞いて、彼女とは遺族会の事務所で会うことにした。

後日判明したのだが、この面会はあわやというところでだめになるかもしれなかった。というのは、私がこの調査で動いているのと並行して、この裁判を起こしていた日本の弁護士、高木健一氏が、裁判の調整のためにこの事務所に来ることになっていたのである。

私は「現代コリア」などで高木弁護士のそれまでの活動を批判していたから、彼は私の名前を知っていたはずだ。もし彼が先に来ていたら、警戒して、その朝日記者の義理の母である女性は、簡単には私とのインタビューに応じなかっただろう。しかし幸い、私のほうが数日早くソウルに着いた。

私は、果物一箱を手みやげに遺族会の事務所を訪ね、大学教授の名刺を差し出した。

「韓国の研究をしているのです」

慰安婦問題に関心があるので教えてほしいと言うと、向こうもいろいろ語ってくれた。

私は彼女に、裁判に至る経緯を聞いた。これについてはあとで詳しく述べたい。

それから、

「すでに一九六五年の協定に基づき日本政府が韓国政府に無償三億ドル、有償二億ドルを支払い、韓国政府がその中から遺族に対して一人三〇万ウォンを払ったのに、今になってなぜ日本政府にまた補償せよと要求するのですか」

と尋ねると、

「一九六五年の協定は強者日本が弱者韓国に強要したもので、そんなものを千回結んでもわれわれは認めない」

と普通ではない話をする。そして、

「娘さんがいらっしゃいますよね、朝日新聞の記者と結婚していると聞いているんですけど」と聞くと、そのとおりだと言う。

私は「植村さんと言うんですね」と念を押すと、そうだと答えた。これで、植村記者の義理の母親の話が取れた。

## つくりあげられた「日本軍の犯罪」のイメージ

次に慰安婦だったことを最初に名乗り出た金学順さんを取材しようと思ったのだが、金さんは入院していて会うことができなかった。その代わり、韓国に日本のテレビ局などが金学順さんを取材に行ったとき現地の手配や通訳などをしている在日韓国人女性に会うことができた。

彼女は通訳などを繰り返すうちに金学順さんと親しくなり、その結果、軍による強制連行ではなく貧困のためにキーセンとして売られたという身の上を知ることになった。

テレビなどが取材していく極悪非道な日本軍の犯罪という視点とは別の事実に直面し、「何かがおかしい」と考えはじめていたようだ。それがあるから、同じ問題意識を持って日本から調査に来た私に秘話とも言うべき金学順さんの本音を聞かせてくれたのだろう。

彼女は金学順さんの本当の身の上を知ったあと、記者らがいない一対一の席で、静かに金学順さんに話しかけたという。

「おばあちゃん、キーセンに身売りされたのですよね」
「そうだよ」
「結局、おばあちゃん、なんで出てきたの」
「いや、わしは寂しかったんだ。誰も訪ねてこない。そしてあるとき、テレビを見ていたら、戦時中に徴用で働かされていた人たちが裁判を起こすという場面が出たのさ。それで、わしも関係があるかなと思って電話をした」

九一年八月、金学順さんが元慰安婦として初めて名乗り出たのだが、そのとき、朝日新聞は先に見たとおり、「初めて慰安婦名乗り出る」と大きく報じた。これは韓国の新聞よりも早く、世界的なスクープだった。この記事を書いたのが、遺族会幹部を義理の母とする植村隆記者だった。名乗り出たところの関係者が義母だったわけで、義理の母親が義理の息子に便宜をはかったということだった。

この記事は、先に引用したとおり、次のような一節から始まる衝撃的記事だった。

---

日中戦争や第二次大戦の際、「女子挺身隊」の名で戦場に連行され、日本軍人相手に売春行為を強いられた「朝鮮人従軍慰安婦」のうち、一人がソウル市内に生存していることがわかり、韓国挺身隊問題対策協議会が聞き取りを始めた。

ここには、金学順さんが貧乏のためキーセンに身売りしていたという問題の本質に関わる重大な事実関係が書かれていない。

傍点部の記述からこの記事を読むと、金学順さんは〈「女子挺身隊」の名で戦場に連行され、日本軍人相手に売春行為を強いられた「朝鮮人従軍慰安婦」のうち、一人〉ということになり、キーセンとして身売りされたとは読者はまったく考えないだろう。

〈女子挺身隊」の名で戦場に連行され〉という部分が、先に吉見文書の記事に付けられていた朝日新聞の解説記事と同じ表現であることに注目したい。植村記者は金学順さんを、吉田清治証言のような強制連行の被害者として日本に紹介したのだ。

朝日新聞は同年十二月二十五日付けで、植村隆記者が金学順さんから詳しい話を聞いたとして、「日本政府を相手に提訴した元従軍慰安婦・金学順さん　返らぬ青春恨の半生」と題する大きな記事を載せた。そこでも植村記者は証言テープを再現するとして「『そこへ行けば金もうけができる』。こんな話を、地区の仕事をしている人に言われました。仕事の中身はいいませんでした。近くの友人と二人、誘いに乗りました。一七歳(数え)の春(一九三九年)でした」という金さんの言葉を書いている。ここにも、キーセン身売りが書かれていない。

それでは、金学順さんは名乗り出た当初、キーセンに身売りしていたという事実を隠していたのだろうか。もしそうなら、植村記者の記事は誤報ではあるが、悪質な捏造とまではいえないだろう。事実は、簡単に判明した。

調べていくと、植村記者が「初めて元慰安婦名乗り出る」という八月のスクープ記事を朝日に書いた数日後の八月十四日、金学順さんは韓国の新聞記者を前に記者会見していた。その記事を韓国紙で探すと、韓国の新聞の中で最も左派系の「ハンギョレ新聞」にも金学順さんの記事が出ていた。
「生活が苦しくなった母親によって一四歳のときに平壌にあるキーセンの検番に売られていった。三年間の検番生活を終えた金さんが初めての就職だと思って、検番の義父に連れられていった所が、華北の日本軍三〇〇名余りがいる部隊だった。私は四〇円で売られて、キーセンの修業を何年かして、その後、日本の軍隊のあるところに行きました」（ハンギョレ新聞一九九一年八月十五日）
彼女は訴状と同じことを当初から言っているのだ。彼女は、首尾一貫していて、最初出てきたときから、訴状も、それから先ほどの月刊「宝石」に載ったジャーナリストのインタビューにも、全部キーセンに売られたと答えている。

## 朝日新聞の悪質かつ重大な捏造

植村記者の十二月二十五日記事は「弁護士らの元慰安婦からの聞き取り調査に同行し、金さんから詳しい話を聞いた。恨み（ハン）の半生を語るその証言テープを再現する」というリードで始まっている署名記事だ。

ところが、植村記者は最初の八月の記事だけでなく、この十二月の記事でも、金学順さんの履歴のうち、事柄の本質に関係するキーセンに売られたという事実を意図的にカットしている。植村記者は当時、朝日新聞大阪本社社会部所属で、語学留学で韓国に来て、その際に梁理事の娘と親しくなり結婚したという。つまり、韓国語を読めるし、話せるのだ。金学順さんが朝日新聞にだけ、それを言わなかったなどということはないはずだ。

訴状にも載せていることだから、植村記者が同行した高木弁護士らの聞き取りでも、その事実は語られたはずだ。そこからしても植村記者がキーセンへの身売りを知らなかったなどあり得ない。わかっていながら都合が悪いので意図的に書かなかったとしか言いようがない。記事に書くと、権力による強制連行という朝日新聞などが報道の前提にしていた虚構が崩れてしまうことを恐れていたと疑われても反論の余地はないだろう。

朝日新聞は、今、安倍総理を攻撃して、狭い意味の強制とか広い意味の強制とか、そういう議論をしてもわかりにくい、謝るのだったらきちんと謝ればいいのだ、と言っているのだが、実は、彼らも当初は、狭い意味の強制イコール権力による強制連行がなかったら記事にならないと思ったのだ。それで、本人が、「母親に四〇円でキーセンとして売られた」と言っているにもかかわらず、それを意図的に記事から落としたのである。

最近、納豆を食べると痩せるという情報の捏造で、番組がなくなったり、テレビ局一局が民放連からも出ていかなければならないという事態になったが、このキーセンの問題はそれよりももっと悪質な事実の歪曲だと思う。

朝日の記者がサンゴに落書きをつけて、その落書きを見つけたと捏造報道したときには、社長が辞めたけれども、植村記者の捏造は自分が特ダネを取るためにウソをついただけではなくて、義理のお母さんの起こした裁判を有利にするために、紙面を使って意図的なウソを書いたということだから、悪質の度合いも二倍だと思う。彼らの意図的捏造により日韓関係が、そして最近では日米関係までもがいかに悪くなったか。その責任は重大だ。

私はこの植村記者の悪質な捏造報道について、九二年以降、繰り返し雑誌や単行本に書き、テレビの討論番組や公開講演会などで実名をあげて批判してきた。しかし、朝日新聞は今日に至るまでも一切の反論、訂正、謝罪、社内処分などを行っていない。それどころか、後日、植村記者を、こともあろうにソウル特派員として派遣し、韓国問題の記事を書かせたのだ。この開き直りは本当に許せない。

もう一人、許せないのが、高木弁護士だ。彼がつくった訴状に書いてあるのだから、金学順さんは貧困のために母親から四〇円でキーセンとして売られた悲しい経歴の持ち主だとはっきりわかっていたはずだ。それがわかった時点で、弁護士として、金さんに「あなたは裁判には向いていない。経歴を公開することにより、また辱《はずかし》めを受けることになる」ときちんと説明してあげるべきだった。

初めて名乗り出た元慰安婦として彼女は、高木弁護士らの反日運動に利用され、植村記者と朝日新聞にも利用され、その結果、私のような専門家から経歴を指摘され、使い捨てにされた。実は、私が「文藝春秋」で植村記者が隠した彼女の経歴を書いた後、本書でも後で詳しく取り上げる韓国の研究者らによる聞き取り調査で、彼女は訴状にも書かなかった新しい話を始める。それをまた、指摘されるという悪循環に彼女は陥った。高木弁護士は彼女の人権を考えていたとは、とうてい思えない。

## 小学生までが慰安婦に？

さて、九二年二月の私の調査の時点に再び話を戻そう。

韓国では宮沢訪韓の二日前にあたる九二年一月十四日に、小学生も挺身隊にされたという記事が出て、小学生までも性の奴隷にしたのかと韓国の新聞の社説などにも出て、日本に対する悪感情が沸騰していた。

本当に一二歳の慰安婦の存在が確認されたのか。私は「小学生も挺身隊にされた」という記事を最初に書いた記者を、探しあてて会った。「連合通信」の金溶洙記者だ。彼は、実はこの問題をずっと追っていた人だった。

先に書いたように、韓国では、当時は「挺身隊」というと、慰安婦のことだと誤解されていた。金記者は、誤解があることを知っていながら、一二歳の小学生が挺身隊に連れていかれた、とだけ書いた。まったく注釈がなかった。記事には慰安婦にさせられたとも書いていないが、すこしあとで見る東亜日報の社説のごとく「一二歳の小学生まで動員、戦場で性的玩具にして踏みにじった」ことが、既成事実化して、宮沢総理訪韓直前、多くの韓国人が激高することになったのだ。

ここでいう挺身隊とは、慰安婦とはまったく関係のない勤労挺身隊で、派遣先は慰安所などでなく富山県の軍需工場だった。私が調べてみると、事実は次のとおりだった。

植民地朝鮮の京城（現ソウル）芳山国民学校（小学校）の先生だった日本人女性、池田正江氏が、一九四四年、六年生の担任クラスから六人の女子教え子を挺身隊員として、富山県の軍需工場に送り出したのである。そして翌年八月、終戦になり、池田氏が日本に引き揚げる十二月までに五人が帰ってきたのだが、帰ってこなかった生徒が一人いた。自分が担任をしていた子が帰ってこない。その先生は退職後、その生徒を探した。九一年、元教え子が見つかり、無事に帰っていたことがわかった。学校に報告しないで田舎に行ってしまったりしていたのだ。それで、ああ、よかったということになったのである。

金記者は、この経緯を記事に書こうと、ずっと取材していた。元慰安婦が名乗り出てきて裁判になり、吉見教授が発見した文書が日本で大きく報道されるのを見て、最初から取材していた記者として、数日後に控えた宮沢訪韓の前に「小学生まで挺身隊に」という記事を書いたのである。

先に述べたように、その記事で動員された先は富山県の工場であり、慰安所ではないという解説を付けないで書いた。誤解されるであろうことがわかっていながら、誤解されるような記事を書いたのである。

私は金記者に聞いた。

「なぜこんな記事を書くんですか、実際に一二歳の女の子が慰安婦になってはいないじゃないですか。韓国では、あなたの記事が元になって、一二歳の女の子が戦場での性の玩具にされた、セックススレイブだといっせいに書かれている。これは、あなたの記事だけで言えば誤報じゃないかもしれないけど、誤解されることがわかっていながら書くということ自体ひどいじゃないですか」

金記者はこう答えた。

「この六人の児童が慰安婦でなかったことは知っていたが、まず勤労挺身隊として動員し、その後慰安婦にさせた例があるという話も韓国内で言われているので、この六人以外で小学生として慰安婦にさせられた者もいるかもしれないと考え、敢えて『勤労挺身隊であって慰安婦ではない』ということは強調しないで記事を書いた」

苦しい弁解だったが、その弁解から、小学生の慰安婦の存在は証明されていないという事実が確認できた。
しかし、金記者も、彼の記事を契機にいっせいに一二歳の小学生が慰安婦にさせられたと書いた多くの新聞も、テレビも、現在に至るまで、小学生が動員されたのは軍需工場であって慰安婦にさせられてはいないという事実をきちんと伝えていない。そのため、日本への悪感情は、高まるだけ高まってしまったのである。代表的な東亜日報九二年一月十五日付け社説の主要部分を引用しておく。

一二歳の「挺身隊員」
本当に天と人が共に憤怒する日帝の蛮行だった。人面獣心であるとか、いくら軍国主義政府が戦争を遂行するためだったとしても、このようなまでに非人道的残酷行為を敢えて行うことができたのかといいたい。
この間、われわれは日本軍の従軍慰安婦として連行されすさまじく蹂躙された「挺身隊員」たちの痛みと悲しみを漠然とだけわかろうとしてきた。しかし、一二歳の小学生まで動員、戦場で性的玩具にして踏みにじったという報道に再び沸き上がってくる憤怒を抑えがたい。(略)
解放〔西岡註・日本の植民地支配からの解放の意〕前、ソウル芳山国民学校(当時、京城府第二部公立小学校）六学年二組（女子クラス）に在籍中だった六人の少女が挺身隊に連行された事実は本当に衝撃的だ。このうち五名が当時、年齢が一二歳に過ぎなかった。これまで一五歳の少女が挺身隊に動員されたことは知られていた。しかし、一二歳の幼い子供まで連行されたことは初めて明らかにされたことだ。

当時、この学校に勤務して彼女らを挺身隊に送った日本人担任教師池田（六八・女）は「勤労挺身隊」に送ったと話している。池田の話通り日帝は幼い子供らとその父母に「皇国臣民」として勤労挺身隊に行き報国しなければならないと説得したのだろう。

しかし、それは真っ赤な嘘だった。勤労挺身隊という名前で動員された後、彼女らを従軍慰安所に回した事実が様々な人の証言で立証されているからだ。池田が罪責感のため韓国の方向の空を眺めることができないまま独身で暮らしてきたと話すことをみても、池田は勤労挺身隊の正体が何かよく知っていたのだろう。（略）

このように何もわからず父母のもとを離れ挺身隊に連行された少女らの数はわからない。泣き叫ぶ女性をなぐりつけ乳飲み子を腕から奪って赤ん坊の母親を連行したこともあった。このように動員された従軍慰安婦が八万〜二〇万名と推算される。（略）

われわれはわれわれの恥部でもある挺身隊問題を繰り返し考えたくない。日本が日帝のこのような残酷行為を本当に恥ずかしく感じ人道主義に従いこの問題を清算するよう

――に猛省を促すものだ。

あらためて読み直してもため息が出てくる。一二歳の小学生と乳飲み子の母親までも強制連行して慰安婦にし、「戦場で性の玩具として踏みにじった」というイメージは、このとき韓国人多数の中に拡散し、その後、教育現場やテレビドラマなどが繰り返しそれを伝えたため、ほぼ同じ形で残っている。特に植民地時代を知らない世代の慰安婦認識は、今でもこの社説とあまり変わらないのではないか。

### 裁判をけしかけたのは日本人

調べれば調べるほど、権力による強制連行は証明されていないことがわかってきた。それならなぜ裁判が起きたのかということになるのだが、ここにはさらにもう一つの仕掛けがあった。

大分県に青柳敦子という女性がいる。私はこのときの調査で、大分の彼女の自宅まで訪ねて詳しい話を聞いた。お医者さんの奥さんで、在日韓国人のちょっと変わった宋斗会氏という差別反対運動家に私淑していた。青柳氏は宋氏と組んで、日本政府を相手に謝罪と補償を求める裁判を始めた張本人だ。その後、私は東京で、青柳氏を後ろで操っていた宋氏とも会って話を聞いた。その聞き取りから私が明らかにできたのが次のような事実だ。

この種の裁判の最初は、実は、サハリン在住韓国人問題である。これも宋斗会氏が始めたものだ。しかし、宋氏は偏屈な人で、「サハリン韓国人と自分をはじめ、在日朝鮮人は現在も日本国籍を有している」などという突拍子もない論理を主張していた。そのうえ、弁護士も使わないから、書類が体裁をなしておらず、なかなか裁判所が受け付けてくれない。そこで高木健一という弁護士が出てくる。

高木弁護士らは一九七五年、宋氏を排除して書類を整え、「終戦後サハリンに残された韓国人が韓国に帰国できなかったのは、日本政府の責任だから、謝罪し、補償せよ」と日本国を訴えた。

この訴えは根拠のないものだった。そもそも、敗戦国日本はサハリン韓国人の戦後の処遇についてまったく関与していない。サハリンを軍事占領したソ連が、北朝鮮を支持する立場から、韓国人の韓国への帰国を認めなかったのが、悲劇の原因だった。裁判は道理にかなうものではなかったが、事実を歪曲してでも日本を非難すればよいという姿勢が、高木弁護士ら反日日本人の特徴だ。

ところが、裁判が提起された頃から一九八〇年代にかけて、ソ連は、韓国人の日本への一時出国を認めはじめ、日本に韓国の家族を呼んでの再会が本格的に始まった。日本政府は人道的観点から、それに予算をつけ、サハリン韓国人の悲劇は解決に向かっていた。そのあたりの事実関係は、新井佐和子著『サハリンの韓国人はなぜ帰れなかったのか』（草思社刊）に詳しい。とにかく、高木弁護士らにサハリン裁判を乗っ取られた宋斗会氏らは、今度は、韓国から原告を集めようとしたのである。

当時、「朝日ジャーナル」という左翼雑誌があったのだが、宋・青柳グループは一九八九年五月十九日号に「日本国は朝鮮と朝鮮人に公式に陳謝せよ」という広告を出す。この広告は十二月まで隔週で合計一五回掲載された。

青柳氏がその広告を韓国語に訳して韓国を訪問したのは、八九年十一月十九日から二十二日までだ。徴用被害者や元慰安婦などで日本政府を相手に謝罪と賠償を求める裁判の原告になってくれる人を探すのが訪韓の目的だった。青柳氏は、用意した資料を報道機関などに置くなどはしたものの、被害者に会うこともできず帰国した。

そのとき、私の知り合いの日本のある新聞の支局にも彼女が現れ、原告募集活動をしていることを話したという。それを聞いていたので、私は彼女の活動を知っていた。日本人がわざわざ韓国まで出向き、日本政府を訴えましょうと韓国語で資料を配ってまわった。調べれば調べるほど話は胡散臭くなっていくばっかりだった。

青柳氏が大分に帰って数週間後、韓国から国際電話がかかってきた。植村隆記者の義理の母が幹部として働いていた「太平洋戦争犠牲者遺族会」から裁判の原告になりたいという連絡だった。

翌九〇年三月、青柳氏は再訪韓した。遺族会では、日本大使館のすぐ近くにある韓国日報ビルの大講堂におおよそ一〇〇〇人の会員が集まって、青柳さんを迎えた。そこで、「対日公式陳謝賠償請求裁判説明会」が開かれた。本人によると、青柳氏は、概略次のような挨拶をしたという。

「私は三人の子供を持つ、ごく平凡な主婦ですが、宋斗会氏らに出会って以来、日本はこのままではいけないと思い、裁判の準備を進めてきました。人間であるならば、日本がこれまでなしてきたこと、三六年間の植民地時代も含めて、特に、戦後、自分の責任をすべて放棄してきたことは、とうてい許されることではありません」

「私たちのできる一つの有効な方法として、今、裁判を準備しています。日本国の公式陳謝と賠償を求める裁判です。裁判の方法と内容について簡単に説明します。要求する賠償金額によって、裁判に必要な経費が異なるのですが、原告一人につき最低一〇万円は必要かと思います。その他、訪日して証言していただく経費を考えますと、最初は一〇人を原告として裁判を始めたいと思います。しかし、この一〇人の背後に多くの原告がいることを明らかにするためには、委任状をできるだけ多く欲しいのです。裁判に必要な費用は、今、日本で四〇〇万円準備しています。たくさんの委任状を背景に、まず一〇人を原告として裁判を始める予定です」

日本人が韓国まで出向き、自国政府を激しく非難し、費用はこちらで持つから日本政府から公式謝罪と賠償をとる裁判をしようと呼びかけたのだから、集まった関係者は喜んだことだろう。その場で、説明会場だった韓国日報ビルのすぐ近くにある日本大使館に、これからみなでデモをしようという話がまとまり、いわゆる戦後補償を求める初めての日本大使館へのデモが、その日、なされた。

戦後補償などを求めるデモが、今も毎週水曜日、日本大使館の前で行われているが、戦後補償を求める最初のデモが、実は青柳さんが韓国にまで出かけて行ったこのデモだったのである。

遺族会は、説明会を契機に活発に活動を開始する。二か月後の九〇年五月には、日本大使館前で二週間の座り込みを行い、六月から七月にかけて、釜山の日本総領事館前からソウルの日本大使館まで犠牲者の写真を首にかけ徒歩行進を行った。そして、十月二十九日、青柳氏らが書類準備のほとんどをする形で、東京地裁に二二人の韓国人遺族らが日本政府を相手に訴訟を起こした。

ここで訴訟原告になったのは、戦中に徴兵や徴用で動員され、戦地などで亡くなった韓国人戦争被害者の遺族で、元慰安婦は入っていない。

ところが、宋斗会・青柳グループは、このときも弁護士を使わず、きちんとした裁判のケアができなかった。

九一年八月、初めて元慰安婦が名乗り出たときには、遺族会は青柳氏たちと別れ、高木健一弁護士とジャーナリスト臼杵敬子氏のグループとともに、新たな訴訟の準備をしていた。このグループが九二年十二月金学順さんたちを先頭に立てて、新たな裁判を日本で起こした経緯は先に見たとおりだ。

本来、日本と韓国の補償問題は一九六五年の条約と協定で終わったことであり、遺族会も青柳氏らがけしかけるまでは、日本大使館へのデモなどしなかったのである。

ところが日本から、裁判ができますよと言ってきたので、日本からまだもらえるのかもしれないと思い、また、費用も日本持ちだということだから、それならやってみようということで運動が活発化していった。

## 戦争被害の個人補償は韓国の内政問題

そもそも遺族会はなぜできたかというと、それは次のような経緯からである。

日韓基本条約によって、日本は無償三億ドル、有償二億ドルのいわゆる「請求権資金」を韓国に払った。一九六五年当時の日本の外貨準備高はわずか一八億ドルだったため、日本にとって五億ドルは容易に払える金額ではなく、一九六六年から七五年まで一〇年分割で支払った。当時の韓国の手持ち外貨は一億三〇〇〇万ドル、貿易赤字が手持ち外貨を大きく上回る二億九〇〇〇万ドルという時代に五億ドルは韓国経済にとって大変大きな意味を持つ金額だった。

朴正熙政権は、この資金使用の基本方向を次の四点にまとめた。「①すべての国民が利益を均等に受けることができなければならず、②国民所得が増加される用途に使われなくてはならず、③施設資材、原材料または機械類を問わず韓国の主導的意思によって決定されなければならず、④子孫に残して長く記念となる大単位事業に投資しなければならない」(『請求権資金白書』韓国経済企画院)

生産財に投資すれば国民全員のためになるという考え方から、これを国家建設に使う方針が打ち出され、この資金で韓国政府は、ダムをつくり、製鉄所をつくり、道路をつくるなどした。

韓国政府の計算によると、この日本からの資金の一九六六年から七五年の韓国の経済成長寄与率は年平均一九・三パーセントにも及んでいる。戦後の世界で多くの開発途上国が先進国から経済援助などのかたちで多額の資金を導入したが、韓国の朴正熙政権ほど効率的に資金を経済成長に活用した例は少ない。

一方で、個人補償は後回しにされた。この時期に遺族会が発足する。一九七一年五月から七二年三月まで、対日民間請求の申告を受け付けた。七四年に「対日民間請求権補償に関する法律」が制定され、七五年から「軍人、軍属または労務者として招集され一九四五年八月十五日以前に死亡した者」を対象に、その直系遺族九五四六人に、当時のお金で一人三〇万ウォンを支給した。

しかし、それについて、三〇万ウォンでは少ない、もっと欲しいなどの交渉を韓国政府とするために一九七二年にできたのが遺族会なのである。遺族が韓国政府を相手に、日本からもらったものから、もっと自分たちに回してほしいと要求するのは当然のことだろう。それはあくまでも韓国の内政問題で日本が関与すべきことではない。

また、先に見たように韓国政府は軍人、軍属、労務者として動員された者の中で死亡者に限って補償を実施したから、負傷者は一切補償をもらえなかった。

これについても、同情の余地は十分ある。しかし、一部の反日日本人らが主張するように、韓国の遺族への補償を日本の遺族と同じ水準にするとしたら、どうなるか。

韓国政府は日本からの資金の一部を独立運動家とその遺族への支援事業に使っている。

韓国が独立国家である以上、植民地支配を受けていた時代に支配国日本の戦争に協力させられた被害者遺族への補償と、独立のために戦って亡くなった民族の英雄の遺族への補償とのバランスを考えざるを得ない。また、独立後、北朝鮮の侵略から国を守るために名誉の戦死を遂げた韓国軍遺族への補償とのバランスもとらなければならない。

比較対象になるのは、日本の軍人年金の水準ではなく、国内の他の遺族とのバランスなのだ。繰り返すが、韓国が日本から受け取った過去清算のための資金から、日本軍の戦争に動員された韓国人への個人補償を誰にどのくらい実施するかは、あくまでも韓国の内政問題だ。

韓国の遺族らも、もう一回、日本からお金を取れるなどとは、誰も考えていなかった。日本も当時の外貨準備高の三分の一近くもの金額を提供した。その資金を朴正熙政権が大変効率よく使った結果、韓国経済の成長に大きく寄与したのだ。

ところが国交正常化から二〇年以上、韓国政府が個人補償を実施してからでも一四年が過ぎた頃、突然日本人が来て、ビラを配って、「四〇〇万円準備したから、日本政府から個人賠償を取る裁判をしましょう」と提案して回り、日本で裁判をしようと説明会が開かれ、デモが起きたのである。

## なぜ日本政府は動かないのか?

もう一度、話を九二年一月の文春論文のための調査に戻す。私は、韓国と大分から帰って、今度は外務省北東アジア課を取材した。彼らはなかなか取材に応じなかったが、原稿締め切り間近に背景説明だとしてやっと担当者が出てきた。そこで私は宮沢総理が韓国で謝った根拠はなんなのかと問いただした。

「宮沢さんは、権力による強制連行・奴隷狩りがあったということを認めて謝罪したのか。あるいは、当時、日本にも吉原という遊郭があり、そこには貧乏のために売られた日本の女性がたくさんいた。そういう人たちと同じように、貧乏のために身売りされた人たちの悲劇に対して『遺憾だった』と謝ったのか。その二つのうち、どちらなのか。もし、後者だとすれば、日本人で吉原で働いていた人たちに日本政府がなぜ謝らないのか」

すると、「それはこれから調べます。けれども、当時連れて行かれた人が酷い目に遭ったのは事実です」という驚くべき回答が返ってきた。

そこで私は、「軍の命令で慰安婦狩りをしたという吉田清治の証言をどう見ていますか」と質問してみた。それに対しては「それもまだ断定できません。ただ、加害者がウソをついて告白することは考えにくいですし……」というような返事が返ってきた。

外務省も権力による強制連行があった根拠を持っていなかった。

調べれば調べるほど、いよいよ強制連行は証明されていないということがわかってきた。ところが、日本社会全体は強制連行があったことを前提に動いていた。私は強い孤独感を覚えた。

その後、数日、私はほとんど徹夜でホテルにこもって、取材したこと、調べたことを論文にまとめたのだが、そのときずっと私の脳裏を離れなかったのは、

「なんで一民間人の私が、それも民間の出版社のお金を使って、必死になって韓国まで行ったり、当たれるだけの人に当たって証言資料を集めて、日本の名誉がかかっている問題を明らかにするために取り組まなければならないのか、本当は政府が必死でやらなければならないことではないか」

ということだった。

ほんとうに権力による強制があったのか。あったのだとしたら、それは当時の国際法の通念でもしてはいけないことだ。謝らなくてはいけない。

日本の統治時代、内鮮一体化を唱え、皇国臣民になれ、日本人になれと言っていながら、一方で、日本の軍隊が慰安婦を強制連行していたとすれば、当時の価値観でも朝鮮人を裏切ることになるし、何より許されない国家犯罪だ。そうなれば、やはりなんらかの補償や謝罪は必要だというのが私の立場だった。

もちろん今でもこの考えに変わりはない。しかし、それがあったのか、なかったのかということを調べもしないで謝っているというのは衝撃的だった。

## 九二年西岡論文に盛り込んだ四つの提言

日本の名誉を守る公務員が誰もいない。武力侵略から国の主権を守る部署、防衛庁（現防衛省）や自衛隊はあっても、間接侵略、つまり、ウソで日本の名誉が傷つけられているときに、それに対して、調査し効果的に反論して日本の名誉を守ることをやる役所はない、公務員がいない。

外務省が担当かと思うけれど、先に書いたように、慰安婦問題でこれだけウソの日本非難が寄せられているとき、外務省は、事実関係はこれから調べると言いながら、総理大臣に韓国で謝罪させてしまった。これは、ほんとうに異様だった。

締め切りぎりぎりまで何回も書き直し、徹夜の連続でくたくたになりながら書き上げた論文は、九二年三月十日発売の月刊「文藝春秋」四月号に『慰安婦問題』とは何だったのか」のタイトルで掲載された。

日本社会全体は、いつの間にか権力による強制連行があったかのように信じてしまって、それなら、被害者にどのようにして補償すべきかと議論をしている中、一石を投じることはできた。

私の論文が一つの呼び水ともなり、慰安婦の強制連行があったのかどうかという大論争が始まるのだが、そのことを追っていく前に、もう一つ、私がそのとき強調した点に触れておきたい。

それは、一九六五年の日韓国交を決めた条約・協定と、その後、両国関係者が努力して築いてきた日韓外交関係の基本的枠組みを崩してはならないという主張である。

国家間の過去の清算はすでに終わっているのに、日本政府が慰安婦への補償、賠償をすべきという論議が、日韓のマスコミだけでなく、韓国政府の中からも出ていた。そして、そのような主張は、それ以来ずっと姿を消さず、盧武鉉大統領が二〇〇五年三月、「過去の真実を究明し心から謝罪し、賠償することがあれば賠償し（なければならない）」と演説し、米議会が日本政府に慰安婦への公式謝罪をすべきという決議案を審議するまでに至っている。

当時、私は、西岡論文で次のような提言をした。今でもこの提言は、日韓友好のために不可欠なものと考えている。
1　日韓の補償問題は一九六五年の条約・協定によって解決済みである。日韓両国ともこの日韓外交の根底を壊してはならない。

２　日韓両国は、六五年の条約・協定で国家間の補償と民間への補償がどのような枠組みで解決され、その結果、渡った請求権資金がいかに使われたかを広く知らせる努力をせよ。両国マスコミもそれをきちんと伝えよ。
３　日本政府は、ことあるごとにただ謝罪を繰り返すのでなく、植民地支配の全体像を日本の立場できちんととらえ直す作業をすべきだ。
４　韓国政府は、元慰安婦などへの人道的支援について主体的に対策を立てるべきだ。日本は、韓国政府の対策に人道的次元で協力するべきだ。

提言２に関して、当時、私も何か貢献したいと思い、その年、一九九二年八月に、慰安婦問題などを扱った私の最初の単行本『日韓誤解の深淵』（亜紀書房）巻末資料として二八ページにわたり、韓国政府が一九七六年に発刊した『請求権資金白書』の主要部分を日本語に訳出した。

一部の関係者の中で西岡論文は話題を呼んだ。

植民地時代を直接経験した年長者からは、権力による連行はなかった、貧困を理由にした身売りだったという話が出てくるが、それはほとんどマスコミには載らず、そのため、日本人のある層の中に急速な韓国嫌いの感情が拡散していった。

その頃、「現代コリア」の編集部に、韓国人を殴りたい、在日韓国人を日本から追放すべき、韓国と断交したいなどという電話や手紙が多数あった。挺身隊と慰安婦を一緒にするとはなにごとかと年長者はものすごく怒っていた。慰安婦を権力による連行とされていることについて、手をふるわせて怒っている年長者がたくさんいた。たとえば、次のような話を聞いた。

「当時は、日本も貧しかった。韓国の植民地時代について、すべてがよかった、などとは言わない。差別もあった。韓国の人たちに申しわけないこともあった。だが、慰安婦と挺身隊はまったく関係ない。慰安婦の強制連行などなかった」

一部の雑誌などで、曾野綾子さんや上坂冬子さんなどが、強制連行は証明されてない、当時は公娼制度があり、貧困による身売りが日本でも朝鮮でも珍しくなかった、などの意見を表明するようになった。

ただ、そうした意見を載せるのはごく一部の月刊誌、週刊誌だけで、テレビや新聞は絶対に触れなかった。名乗り出た慰安婦たちを批判することにつながる発言は一種のタブーだったのだ。

しかし、タブーを破る形で私を含む少数者は論争を続けた。その時点で、課題として大きく残っていたのは、吉田清治証言だった。

吉田は、自分が〝奴隷狩り〟のような強制連行をやったと言っている。しかし、調べれば調べるほど、吉田証言はあまりにも突出していて、それ以外に類似した事例が出てこない。ただ、外務省の担当官も、「加害者がウソをつくだろうか」として、断定は避けるが吉田証言を信じるような物言いをしていた。権力による強制連行が証明されない時点で、総理が公式に謝罪した背景の一つに吉田証言の影響があるかのようだった。

# 第3章　慰安婦問題のウソ

## 済州島の〝慰安婦狩り〟のデタラメ

西岡論文が雑誌に出た直後、現代史研究家の秦郁彦拓殖大学教授（当時）から電話をいただいた。慰安婦問題の真相に関心を持っている、済州島に行って吉田証言が正しいかどうか検証する、高木健一弁護士や吉田本人とも電話などで話を聞いているとのことだった。

ちなみに高木弁護士は、秦教授が、西岡論文がキーセン出身と書いた金学順さんについて、「もうすこし説得力のある慰安婦はいないのか」と問いただすと、「実は私もそう思って韓国へ探しに行ってきた。追加分は良いのばかりですよ」と答えたという（秦郁彦『慰安婦と戦場の性』新潮社・一九九九年）。

本来なら、原告金学順さんについている弁護士として、金さんは、西岡の言うように貧困の犠牲者ではなく、日本国による強制連行の犠牲者だと反論すべきだ。ところが、それをせず新しい原告の話をする。これでは、金学順さんは運動の消耗品だったと言われてもしかたがないだろう。人権を口にしながら、彼らは当事者の人権をまじめに考えていない。当事者を反日運動の道具扱いしていることがここでもよくわかる。

話を秦教授の済州島調査に戻そう。

本書の冒頭で一部を引用しておいたが、吉田は著書『私の戦争犯罪　朝鮮人強制連行』（三一書房）で約五〇頁を使い、済州島での慰安婦狩りを詳しく描写しており、具体的に日時と地名をあげていた。秦教授は三月下旬に済州島を訪れ、これらの吉田証言が現地で裏づけられるかどうか検証作業を行った。当初は吉田本人の同行、あるいは当時、吉田とともに慰安婦狩りに行った同僚の紹介を依頼したが、断られたという。

ここで、吉田の言う「済州島での慰安婦狩り」について、時系列でまとめておこう。

昭和十八年五月十五日　山口県労務報国会下関支部動員部長だった吉田は、西部軍司令部（福岡）から「皇軍慰問・朝鮮人女子挺身隊二〇〇名」の動員命令を受ける。

五月十八日　吉田は部下九人を連れて済州島上陸。

五月十九日　現地の陸軍部隊所属の武装した兵隊一〇名を加えた二〇人の徴用隊は、部落の民家、小川の洗濯場で女狩りをした後、城山浦の貝ボタン工場でも暴力的な慰安婦狩りを行う。

五月二十日　島の西海岸の瓮浦の漁村と干しイワシ製造工場で慰安婦狩り。

五月二十一日　新左面の針岳ふもとの村落にある腸詰め工場「新左面牧畜組合報国工場」で慰安婦狩り。

五月二十四日　西帰浦近くの海で海女を慰安婦狩り。

合計二〇五人を強制連行。

秦教授は済州島で吉田が本などに明記した慰安婦狩り現場を調査する作業を展開する中、決定的な証拠を発見する。それは、地元紙「済州新聞」（一九八九年八月十四日付け）に掲載された許栄善記者による署名記事だ。

慰安婦狩りを詳細に証言した吉田の著書『私の戦争犯罪』は日本で一九八三年に出版されたが、それが一九八九年、韓国語に翻訳され韓国で出版された。それを受けて済州新聞の許記者が現地で取材を行い、「島民たちはでたらめだと一蹴して（いる）」「裏づけの証言がなく波紋を投げかけている」と書いたのだ。

帰国直後、秦教授が興奮した声で電話をくださった。記事全文の日本語訳を引用する。

〔見出し〕
日帝「済州で慰安婦二〇五名徴発した」
日本人手記『私は朝鮮人をこうして……』波紋
住民たちは「捏造」―日本の恥知らずの商魂に憤慨
著者は山口県労務報告会動員部長
「城山浦ボタン工場、瓮浦、法環里などで強制徴用」と主張
〔本文〕
解放四四周年を迎え、日帝時代に済州島女性を慰安婦として二〇五名を徴用していったという記録が出されて大きな衝撃を投げかけているが、それを裏づける証言がなく波紋を広げている。

一九四二年から敗戦までの約三年間、山口県労務報告会の動員部長として朝鮮人を徴用する仕事に従事していた吉田清治氏の戦争犯罪記録『私は朝鮮人をこのようにして捕まえて行った』がそれで、清渓研究所現代史研究室によって八三年版が翻訳出版された。

ここには「光州での男子の強制連行」と「済州島での慰安婦狩り」について、自分が直接加担し、狩り出してきて連行していった当時の様子を記録している。

この記録によると、△皇軍慰問・朝鮮人女子挺身隊二百名　△年齢十八歳以上三十歳未満　△身体強健なる者　△期間一年　△給与毎月三十円　△支度金として前渡金二十円　△勤務地　中支方面　△動員地区　朝鮮全羅南道済州島　△派遣日時　一九四三年五月三〇日正午　△集合場所　西部軍第七四部隊、という動員命令までくわしく記述されている。

「我々は小さな村落の若い娘を全員捕まえて（車に）乗せ、車の速度を上げてそこを出発した。高い岩山の間を抜ける道を曲がると飛揚島が見えた。広い海には帆を揚げた船が点々と浮かんでおり水平線は白く霞んでいた……。我々が入っていった建物は事務室と工場を兼ねていたが、四、五人の男が事務をとっていた。年をとり太った男が我々を迎え、組合長だと挨拶した。私はすぐ組合長に『二十歳くらいの女を徴用する。すぐに工場内をまわって女を連行する。お前たちも協力せよ！』」（「済州島での慰安婦狩り」の一部）

猥褻で差別的な表現までも避けることなく使っている。

ところが、朝鮮人を徴用したことに関する公式記録や関係文書は敗戦直後、内務次官の通牒により全国の道府県知事の緊急命令書が各警察署に発送され、完全に廃棄処分された。

しかし、この本に記録されている城山浦の貝ボタン工場で一五名から一六名を強制徴発したということや、法環里などあちこちの村で行われたこの慰安婦事件の話は、これに関する証言者がほとんどいない。彼らはあり得ないことと一蹴しており、この記録の信憑性に対する強い疑いを投げかけている。

城山里の住民のチョン・オクタンさん（八五）は「そんなことはない。二五〇余の家しかない村落で一五人も徴用されたとすればどのくらい大事件であるか……当時そんなことはなかった」と断言した。

郷土史学者の金奉玉氏は「日本人たちの残虐性と非良心的一面をそのまま反映したものだ。恥ずかしくて口に出すのもはばかられるようなことをそのまま書いたもので、本だと呼ぶことさえできないと思う。八三年に原本が出たとき、何年かの間追跡した結果、事実無根の部分もあった。むしろ日本人の悪徳ぶりを示す道徳性の欠如した本で、軽薄な金儲け主義的な面も加味されていると思う」と憤慨した。（西岡力訳）

この記事を書いた許記者は女性だ。秦教授が現地を訪れたときに彼女は、済民新聞に移り文化部長を務めていた。許記者は秦教授と面談して「何が目的でこんな作り話を書くのでしょうか」と逆に質問してきた。それに対して秦教授はどう答えていいかわからず、当惑したという。

秦教授は、城山浦の貝ボタン組合の役員をしていたなどという何人かの老人たちと面談したが、誰からも吉田証言を裏づける話は得られなかった。

これらに加えて、秦教授は、吉田は慰安婦狩りの命令が、西部軍→山口県知事→下関警察署長→労務報告会下関支部動員部長、という系統で下りてきたとしているが、関係者は「そのような命令系統はあり得ない」と指摘しているなどと、疑問点を挙げた。

その後、板倉由明氏（「諸君！」九二年七月号）、上杉千年氏（同誌九二年八月号）らの精力的な調査により、吉田が公開している履歴や他の証言も捏造だらけであることが判明した（詳しくは前掲『慰安婦と戦場の性』第七章参照）。

吉田は一九九三年五月に吉見義明教授らに対して、「日記を公開すれば、家族に脅迫などが及ぶことになるので、できない」「回想には日付や場所を変えた場所もある」と話している。つまり、本人が、事実をそのまま書いていない、と認めたのだ（吉見義明他『従軍慰安婦をめぐる30のウソと真実』大月書店一九九七年）。

ところが、吉田証言の信憑性を検討する場合に、重要な証拠と言うべき済州新聞の許記者の署名記事が、韓国の中央の新聞にはぜんぜん伝わっていない。韓国では、一二歳の小学生が慰安婦にされたというイメージがどんどん定着して、実録ドラマがつくられて、平和の村に憲兵が来て、泣き叫ぶ娘や婦人らを連れていく。十代前半の子どもまでも連れていく。赤ん坊を抱いた母親を連れていく……。そういうイメージをドラマで見て、ドラマしか見たことのない、植民地時代を体験していない韓国人は、そういう事実があったと思ってしまう。吉田清治という男のために、若い韓国人のなかにウソがどんどん広がっていて、止めようがなかった。

論争には勝ったが、その成果、つまり吉田清治証言は信じられないという事実をどのようにして広報するのか。その手段がまったくなくて悔しい思いばかりしていた。

## 関東軍による慰安婦「二万人徴募」

秦教授の調査から五年たった一九九七年頃、後で詳しく書くが、テレビや新聞で公開的に論争ができるようになり、その結果、吉田のウソは広く知られるようになって朝日新聞さえも吉田証言を信頼しなくなり、彼はやっと表舞台から姿を消した。

吉田以外にもう一つ、強制連行をしたという側の証言があった。一九四一年、陸軍が対ソ連戦争に備えて兵力を大規模に動員し実施した関東軍特殊演習（関特演）に際して、朝鮮総督府に八〇〇〇人の慰安婦派遣を依頼したという、原善四郎・関東軍参謀の証言だ。この証言はルポライター千田夏光が一九七三年に出した『従軍慰安婦』（双葉社、後に三一新書として再刊）に、千田が原氏に会って直接聞いたとして、次のように書かれている。

〝関特演〟という名の〝対ソ戦争準備作戦〟はその発動寸前におさえられ、陸軍はしぶしぶ諦めることになったのだったが、ここで問題となるのはその動員の中に〝慰安婦の動員〟もふくめられていたことだ。

関東軍の後方担当参謀原善四郎少佐（後中佐）という人物がいたが、作戦部隊の兵隊の欲求度や所持金に女性の肉体的能力を計算したすえ〝必要慰安婦の数は二万人〟とはじき出し、飛行機で朝鮮に調達に出かけているのである。ここで、つまり昭和十六年には、すでに朝鮮半島は慰安婦の草刈り場となっていたことがわかる。実際には一万人しか集まらなかったというが草刈り場になった事実は動かせない。

ではその朝鮮で具体的にどのように慰安婦は集められたのか。原善四郎氏は大阪市の南に隠栖《いんせい》されていた。新興住宅のなかの静かなつくりの家であった。面と向かうと温厚な老紳士であった。

「当時の陸軍は、新しい部隊が編成動員下令されると、必要慰安婦を朝鮮半島から集めることになっていたのですね」

私はそこからお尋ねすることにした。

「慰安婦のことですな。たまたま関特演のとき兵站担当をやっていました。そう、通称で後方参謀と呼ばれる参謀です。関東軍司令部参謀第三課に属していました。でも当時のことよく憶えていないのですよ。いろいろ今になって言われますけど」

「でも関特演のため、とにかく朝鮮で慰安婦を集められた。それは間違いないのでしょう。朝鮮で具体的にどのような方法で女性を集められたのですか」

「はっきり憶えていないが、朝鮮総督府総務局に行き依頼したように思います。それ以後のことは知りません。軍としてはというより私は、それ以上は関知しないことにしていたのです」

「つまり必要な数字だけ示し、あとは朝鮮総督府の責任で集めてくれということですか」

「ま、そういう訳です」

「では朝鮮総督府、軍から依頼されたその朝鮮総督府はどのようにして集めたのでしょう。当時の状況下で軍の命令、いや命令でなくて依頼でも同じだが、絶対なものだったと聞いています。拒否することも無視することもできない強制力を持っていたと聞いています」

「その辺のことは私からは何とも申されません。だが、朝鮮総督府では各道に依頼し、各道は各郡へ、各郡は各面《めん》にと流していったのではないですか。ご承知だと思いますが、面というのは日本の村にあたります」

「すると女集めの最終責任者は面長つまり、村長だったのですか？　面長は朝鮮人だったのでしょう？」

「詳しいことはわかりません」

「話題を変えます。七十万の兵隊に二万人の慰安婦が必要とはじき出した根拠というか基準は何だったのですか。兵隊の欲求度や所持金や女性の肉体能力から計算したと言われていますが」

「陸軍大学ではそんな事は教えてくれませんし、後方担当参謀業務として教えられるのは弾薬糧秣などの補給のことばかりです。だからどのようにして算出したかと言われても困りますが、はっきり憶えていないけど、それまでの戦訓つまりシナ事変（日中戦争）の経験から算出したのでなかったかと思います。それに一部に二万人と言われたが、実際に集まったのは八千人ぐらいだったのです。（後略）」（三一書房版一〇三～一〇四頁）

このやりとりを読むと、関東軍が朝鮮総督府を使い慰安婦を調達したことは間違いないように錯覚してしまう。しかし、調べていくと、この記述は疑問が多い。千田は原参謀に会わずに、このやりとりを書いたのではないかという疑いさえある。

歴史教科書研究家の上杉千年氏の論文「千田夏光著『従軍慰安婦』を切る――〃まぼろし〃の関特演従軍慰安婦二万人徴募要請」（『月曜評論』平成四年九月二十八日号・その要旨が同氏『検証従軍慰安婦』全貌社一九九三年に収録されている）や現代史研究家である加藤正夫氏の調査によって、この原参謀証言も、以下のごとく信じるに足らないものであることが判明した。

加藤氏は「文藝春秋」に載った西岡論文を読み、九二年春頃、当時、私が編集長をしていた「現代コリア」編集部にやってきた。戦前生まれの加藤氏は堰を切ったように、慰安婦の軍による強制連行などなかったと語りはじめた。それから何回かお会いしてお話しする中で、原参謀の証言の疑問点を調査することに力を注ぐようになった。何回か書き直しをしていただき、力作論文を「現代コリア」九三年二・三月号にいただくことができた（加藤正夫「千田夏光著『従軍慰安婦』の重大な誤り」）。

そこで示された原証言への疑問点は、概略次のとおりだ。

・関特演の予算担当者であった陸軍省軍務局軍事課の加登川幸太郎少佐や、関東軍参謀今岡豊中佐（兵站《へいたん》主任）らは、口をそろえて加藤氏に対して慰安婦動員計画など聞いたこともないと語っている。

・関特演は応召者の見送りさえ中止させるほど秘密に準備された。したがって、大々的な慰安婦動員などするはずがない。陸軍は二か月の作戦と考えており、当時の満州には朝鮮人売春業者が多数営業していた。

・引用部分で、原氏は千田氏に、一九四一年八月の「関特演」のときの自分の経歴を「関東軍司令部第三課所属の兵站担当参謀」と語ったことになっているが、それは事実と違っている。そのときは第一課所属だった。加藤氏が防衛研究所図書館の史料で調べた原氏の軍歴は、一九三九年八月一日〜四一年十月五日・関東軍司令部第一課参謀、四一年十月六日〜四二年一月十一日・参謀本部兵站総監部参謀、四三年八月二日〜終戦・関東軍司令部第四課（対満政策・内面指導）参謀であり、関東軍司令部第三課には一度も所属したことがない。原参謀が自分の軍歴を間違えて話すことは考えにくい。

・原参謀は九二年の段階ですでに亡くなっていた。加藤氏は九二年に二回にわたり千田に〝慰安婦動員計画〟について電話で問いただした。すると千田は、「〝慰安婦二万動員計画〟には、私の書物（昭和四八年刊）より先の昭和四〇年に武蔵大学教授島田俊彦氏の『関東軍』（中公新書）という本がある。この本の一七六ページに、〝慰安婦二万人動員計画〟が書かれており、それが私の説の根拠だ」と語った。つまり、千田は原参謀に直接インタビューをしていないことを事実上認めたのだ。

・『関東軍』には「原善四郎参謀が兵隊の欲求度、持ち金、女性の能力等を綿密に計算して、飛行機で朝鮮に出かけ、約一万（予定は二万）の朝鮮女性をかき集めて北満の広野に送り、施設を特設して〝営業〟させた、という一幕もあった」と書いてあった。千田はこの記述をもとに原参謀との対話を創作したのではないか。

・それでは『関東軍』の記述の根拠は何か。島田教授はすでに故人で根拠を示していない。

・したがって、千田が著書に書いた、〝慰安婦二万人動員計画〟は根拠薄弱と言わざるを得ない（なお秦郁彦は前掲著書『慰安婦と戦場の性』の中で、原参謀の助手役であったという村上貞夫曹長の一九七五年手記や元憲兵らの証言をもとに、関特演を機に満州でも軍専用の慰安所が開設されたが、朝鮮から楼主に連れられて朝鮮人慰安婦がやってきたのであって、権力による強制連行ではない、と見ている）。

## あったのは軍需工場向けの〝男狩り〟だけ

私が「文藝春秋」九二年四月号に、慰安婦の強制連行は証明されていないのではないかという論文を書いたあと、ここまで見たように、秦郁彦教授や加藤正夫氏らの手によって、吉田清治と原善四郎参謀の二人の「証言」の検証が進んだ。私も自分が編集長をしていた「現代コリア」などでこの検証作業に積極的に参加していたが、やはりここでも権力による強制連行は裏づけられなかった。

実は、論文が出たあと、韓国の戦争被害者団体の幹部ら四、五人と支援する日本人が私に会いたいと言って、連絡してきたことがあった。裁判か何かの関係でちょうど日本に来ているというのだった。

殴られるのかなとも思ったが、都内の喫茶店で会うことにした。九二年二月の時点で、被害者団体は三つに分裂していた。先に見たように、青柳氏が裁判をするから原告になってほしいと呼びかけたときは、太平洋戦争被害者遺族会という一つの組織だった。

遺族会は、裁判の進め方などで青柳さんたちから分かれ、高木弁護士についた。植村隆記者の義理の母、梁順任氏がこちら側の常任理事だった。元慰安婦金学順さんの参加したのもこちらだ。青柳さんたちとの裁判を続ける側に残ったグループがあったことは先ほど書いた。

この二つとは別に、もう一つ、戦中に労働者として日本企業で勤めているとき、会社側から暴行され、後遺症のある金景錫氏がリーダーとなり、日本企業を相手に裁判を起こしている被害者団体があった。

私を訪ねてきたのは、その金景錫氏ら第三番目のグループで、話を聞くと、その直前に太平洋戦争被害者遺族会がまた分裂し、それまでの会長や会計担当役員らが追い出され、植村記者の母である梁順任氏が代表になったらしい。追い出された前会長らが金景錫さんの下に入り、新たな運動を進めようとしているという。

話を聞くと、日本のマスコミは遺族会の分裂を一切報じず元慰安婦と梁順任氏ばかりを取材していたが、西岡だけは論文の中で、きちんと三つのグループの存在を明記していたのでありがたかったなどと、感謝された。

金氏は、「ここに書いてあることはほぼ正しい」などと語りながら持参した「文藝春秋」誌を開き、「記念にサインをしてほしい」と私に依頼した。金氏はまじめな顔をして次のような話をした。

「吉田清治という男が慰安婦狩りをしたと言っているが、あの男はウソつきだ。慰安婦の強制連行はなかった」

「なぜそう断定できるのですか」

「私も私の兄も日本国内の軍需工場に徴用されて働かされた被害者だから、当時の状況はよく知っている。当時、労働者にするための『男狩り』はあったが、吉田の言う『女狩り』はなかった。

あなたも書いているように名乗り出た元慰安婦の金学順という女性は、強制連行されたのではなく、貧しくてキーセンに売られたのだ。先日、韓国で彼女に『お前のような人間が出てくるな』と言ってやった」

「なぜですか」

「日本政府には内閣調査室という情報機関がありますね。慰安婦問題にそこが関係しているのではないかと疑っている。キーセン出身の金学順を前面に出して日本で裁判を起こし、吉田という男に、ありもしないウソをつかせたりするのは、内閣調査室の工作ではないかと思えてくる。

つまり、はっきりとウソとわかる話を大々的に広めてから、あなたのような人に論文を書かせてウソだと暴露し、徴用労働者への補償も含めてすべての問題をなかったことにしてしまおうという工作ではないか。我々は戦争中、徴用という日本国政府の公的命令で動員されけがをしたりもしたのに、いまだまったく補償を受けていない。ウソを言いつのっているのではない。しかし、このままでは根拠のない慰安婦問題といっしょにされて補償をもらえなくされてしまうかもしれない。ウソを広める吉田や金学順のような存在はマイナスだ」

話を聞きながら、内閣調査室が情報工作をしてまで日本の名誉と国益を守る機関なら、私などが必死で慰安婦問題の調査をしなくてもすむのだがと、変な気持ちになったのを憶えている。

「この問題には闇がある」——朝鮮人女衒の存在

同じ頃、韓国人から強制連行はなかったという話を連続して聞いた。

私がソウルで会ったある韓国人記者は、「自分はこの問題についてこれ以上は書かない」と言った。

「それはどういうことですか」と尋ねると、「元慰安婦の女性にかなり取材をしてきた。ところが彼女たちは慰安所に入れられてからの悲惨な生活についてはよくしゃべるのだが、しかし連れていかれる過程になるとたんに口ごもることが多い。それで追及していくと、どうも女衒《ぜげん》がからんでいるらしいことがわかってきた」とのことだった。

それで私が、「女衒って日本人ですか」と聞くと、「あなたね、日帝時代、朝鮮の田舎に、日本人が入っていけると思いますか」と言うのである。つまり、取材を重ねるにつれ、朝鮮人の女衒が関与して、身売りとして売られていったという人たちなのだということがだんだんわかってきたというのだ。

そして彼は言うのである。

「当初、取材を始めたときには、日本というのは、ほんとにひどいことをやったと思ったけど、取材を続けるうちに、どこの国でも、戦争になったら、あるのだろうなというふうに、今は思っている」

と語った。そして、ぼそっと、「この問題には闇がある」と言った。

こちらとしては、わかっているのなら、記事を書くのをやめるのでなく、誤解を解く記事を書いてくれればいいのにと思ったが、日本への悪感情が頂点に達していた当時の韓国社会の中でそれは無理な注文かなと考え直し、彼には何も言わなかった。

「闇がある」という言葉がたいへん印象的で心に重く響いた。いや、胃の奥にこびりついてずっと離れないという気持ちだった。余談だが、それが忘れられず、慰安婦問題を扱った私の三冊目の評論集のタイトルを『闇に挑む！』とつけた。

やはりその頃、済州島出身の左翼知識人である在日朝鮮人高峻石氏は佐藤勝巳氏に、「吉田の言うような日本軍による慰安婦狩りなどなかった。自分の村でも慰安婦が出ている。自分の親戚にあたるある未亡人が、村の娘ら何人かを中国に連れて行って慰安所を開き大金をもうけて話題になり、村から別の娘たちもその慰安所に出稼ぎに行った。当時の済州島でも貧しさで身売りする娘が珍しくなかったのに、なぜ、軍がわざわざ慰安婦狩りをする必要があるか。もしそんなことがあれば、噂はすぐ広まったはずだが、聞いたことがない」と話していた。

また、七〇年代韓国の野党新民党で政策責任者などを歴任した元国会議員のK氏も、日本に来るたびに私に語っていた。

「日本は慰安婦狩りなどしていない。日本人はなぜこんなこともわからないのか。二・二六事件は反乱将校らが、東北地方で兵隊の妹らが貧しさのため身売りしなければならないという現実を知って憤慨して起こした。当時の朝鮮農村はもっと貧しかった」

李命英先生という、もう亡くなった北朝鮮問題が専門の元老学者がいた。成均館大学の教授だった人で、『四人の金日成』など多数の著作がある。私の師匠なのだが、この先生も、慰安婦の強制連行なんかなかったと言い、それよりこういうことがあったのだと次のようなことを話してくれた。

ソ連軍が占領軍として入ってきたとき、李先生は京城帝大の医学部にいた。家は医者だったのだが、北朝鮮地域の東海岸で医者をやっていて、そこに日本人もけっこう住んでいた。李先生の父上と日本人の学校の校長とは名士同士で仲がよく、校長がときどき家に来て囲碁を打ったりするような仲だった。そこにソ連軍が入ってきて、日本人だけ集められ、学校の教室に、男と女が別々に収容された。

ソ連兵が女を出せと言ってきた。そこで、未婚の女性たちが、「結婚している人は夫がいるのだから、私たちが行く」と言った。すると、妻たちが、「いや、あなたたちは経験がないのだから、私たちが行く」と言いだして困っている、ということを、その校長先生の奥さんが李先生の父上に使いを出して告げ、なんとか助けてくれないかと言ってきた。

実はこのとき、ソ連軍の隊長が、性病で李先生の父上の病院に通っていた。軍医に見せると出世に関わるので、民間の病院で治療を受けていたのである。

息子の李先生は当時インターンで、父上の助手として隊長のペニスに薬を塗っていた。父上がソ連軍の隊長に、

「あなた、日本の女性には気をつけたほうがいい。彼女たちは貞操観念がない。帯をしめているけど、帯というのはいつでも枕にしていてこうやってできるようになっているんだ。だから、安全なのは、商売をしていた人たちだ。そういう職業にいた人たちは、検査しているから安心だ。素人を相手にしたら、兵隊がみんなあなたみたいになるぞ」

とおどすと、

「ああそうか。いいことを教えたくれた」と、自分も満州で日本人を強姦して性病にかかったのだろう、それで、自分の部隊の兵隊が性病で損傷したらたいへんなことになるので、学校から女を連れていくという命令がとりやめになり、花柳界にいた女性を探せということになったという。それで、収容されていた日本の女性たちは助かったのだという。

また、李承晩大統領にまつわる話も説得力がある。

韓国を建国した李承晩大統領は反日を反共とならべる国家スローガンとし、日本との国

交交渉においても植民地支配の不当性を強調しつつ多額の補償金を要求していた。その李大統領ですら、日本との外交交渉で慰安婦については一切言及してない。慰安婦がいたということは知っている。当時の人たちはみんな知っていたけれど、慰安婦を外交交渉にあげて日本から金を取るということは、あの李承晩大統領でさえ考えなかった。李承晩大統領が補償を求めたのは、徴兵と徴用である。権力によって連れて行かれた者の未払い賃金と補償は当然日本政府の責任と考えたからだ。

つまり、権力による慰安婦強制連行があったなら、植民地支配直後にそれが大問題になるべきだが、貧困による悲劇だとみな知っていたから、問題にされなかったのだ。

これらの話を次々に聞いて、私は次第に、権力による強制連行はなかったと、確信するようになっていった。

### 東京で家五軒が買えるほどの貯金

一九九二年から九三年にかけて、日本政府は政府機関に残る公文書をしらみつぶしに調べて、慰安婦動員の実態にせまろうとしていた。朝日新聞をはじめとするマスコミも、慰安婦強制連行を証明できる証拠をそれこそしらみつぶしで探していた。

しかし、第一に、挺身隊という公的制度は慰安婦募集とは関係ないことが確認された。

第二に、公文書をいくら探しても、先に見たように民間の犯罪的慰安婦狩りを取り締まれという善意の関与は出てくるが、公的機関が慰安婦強制連行を行ったことはまったく証明されない。

第三に、自分が強制連行に加担したと告白していた吉田清治と原善四郎参謀の「証言」にも信憑性がないことが判明した。それ以外に、強制連行したという側の証言は出てこない。

最後に残ったのが、九二年に入り続々と名乗り出てきた元慰安婦たちの証言であった。当然のことながら、私も彼女らの証言をできる限り集め、検討した。その作業をしながら、少し大げさに言えば、人間というものを考え、複雑な思いに陥ることも少なくなかった。

九二年三月、名乗り出た元慰安婦、文玉珠さんが訪日し、軍事郵便貯金の払い戻し請求を行ったという新聞報道があった。文さんは一九四二年から四四年までビルマで慰安婦生活をしたが、その間に軍人からもらった現金などを現地部隊の軍事郵便局に預けた。通帳は紛失したが、六、七〇〇〇円残っているはずだから、払い戻してほしいと下関郵便局に請求したというものだ。

その後、郵便局側が調査したところ、九二年五月十一日に軍事貯金の原簿が発見された。

原簿によると、一九四三年六月から四五年九月まで一二回の貯金の記録があり、残高は二万六一四五円となっていた。本来ならこの金額の大きさが大ニュースだった。なにしろ当時の二万六〇〇〇円である。その頃、五〇〇〇円あれば東京で家一軒買えたというから、彼女の貯金は家五軒分なのだ。

しかし、新聞の扱いは大変小さかった。ちなみに、あれほど慰安婦問題に熱心な朝日新聞は残高がいくらだったかを報じなかった。

一九六五年の協定で韓国政府に支払われた五億ドルにより、日韓両国は韓国籍者の貯金なども含む補償を解決させた。それを受け日本は韓国籍者の貯金などの権利を消滅させる法律をつくった。

また、先に見たように、韓国政府は文さんのような貯金所有者に対して個人補償を実施している。通帳紛失のため韓国政府からの補償をもらえなかった文さんは、韓国政府と交渉すべきだろう。そのときに、日本は郵便局の原簿の写しを提供するなどの協力はできる。

ところが、文さんは日本の郵便局に対して、「個人の請求権は消滅していない。当時〝日本人〟として貯金したお金だから、ただちに返して」とまったく理屈にならない要求をし、彼女の貯金払い戻しを実現しようという日本人らの支援組織が生まれ、そのめちゃくちゃな要求をまた、マスコミが批判せずに報じている。

これらの報道を見て、私は、慰安婦問題の詐欺劇はついに行くところまで来たと、嘆くばかりだった。

そもそも、強制連行されたから補償せよと日本政府を相手に裁判を起こしている元慰安婦の一人が、二年あまりの慰安婦生活でなんと二万六〇〇〇円以上の大金を手にしていたことが明らかになったのだ。これが、セックススレイブの生活だろうか。強制連行の犠牲者だろうか。

なぜ、朝日新聞が二万六〇〇〇円という貯金残高を一切報じなかったのか。これも悪質な情報操作、捏造報道の一種だ。〝奴隷狩り〟のように連れてこられ、レイプまがいの行為を受け続けたかわいそうな慰安婦たちという、朝日のこれまでの報道と矛盾する事実はなかったことにして伝えないのだ。金学順さんのキーセン身売りを伝えなかったのと同じ手口だ。文玉珠さんについては、すこしあとにもう一度取り上げることにする。

次に、私が「文藝春秋」論文で取り上げたキーセン出身の金学順さんのことを書いておこう。彼女は私の論文が出た後、証言を変えた。九一年十二月に提出された訴状では、慰安婦にされた経緯をこう書いていた。

養父に連れられ中国へ渡った。トラックに乗って平壌駅に行き、そこから軍人しか乗っていない軍用列車に三日間乗せられた。何度も乗り換えたが、安東と北京を通ったこと、到着したところが、「北支」「カッカ県」「鉄壁鎮」であるとしかわからなかった。「鉄壁鎮」へは夜着いた。小さな部落だった。養父とはそこで別れた。金学順らは中国人の家に将校に案内され、部屋に入れられて鍵を掛けられた。

ところが、九二年七月から始まった韓国人学者らによる聞き取り調査に対しては、北京で日本軍人らに暴力的に連行され慰安婦とされたと、次のようにそれまで話さなかった内容を語っている。韓国挺身隊問題対策協議会・挺身隊研究会編『証言集1　強制で連れて行かれた朝鮮人慰安婦たち』（九三年二月に韓国で出版、邦訳があるが、不適切な訳文が多いので、韓国語原書から西岡が訳出。なお今後『証言集1』とする）からの引用である。

北京に到着してある食堂で昼食を食べて出てくると、日本の軍人が養父を呼んだ。何人かいた中で階級章に星二つをつけた将校が養父に「お前たち朝鮮人だろう」と尋ねた。養父は、私たちは中国に稼ぎに来た朝鮮人だと話した。するとその将校は、金儲けなら自分の国ですればいいのになぜ中国に来たのかと言いながら「スパイだろう？　こっちへ来い」と言って養父を連れて行った。
姉さんと私は別途、軍人たちに連行された。路地一つを過ぎると覆いのないトラックが一台あった。そこには大体、四〇~五〇名くらいが乗っていた。私たちにそのトラックに乗れと言うので、乗らないと言うと両側からさっと持ち上げて乗せた。少し経つと養父を連れて行った将校が帰ってきたあと、すぐトラックは出発した。その将校は運転席の横に乗った。私たちはとても驚きもし、怖くもあってトラックの中で身を縮めてすわって泣いた。

この証言が事実なら、奴隷狩りのような強制連行だが、金学順さんは高木弁護士と訴状を作成するときには、「北京で軍人に暴力的に連行された」と話していない。常識的に考えると、訴状でみずからの履歴を語るとき、裁判に有利になることをわざと隠すとは思えない。とすると、悲しいことだが、この証言の変化は、西岡論文での指摘を受けた結果、付け加えた虚構と見るのが自然だろう。

### 意図的に事実を歪める証言者たち

日本政府も一年間調べて、強制を証明するものが出てこないのだが、しかし、最初に謝ってしまっている。韓国側からはとにかく強制を認めてくれと言ってくる。

慰安婦をしていたと言って出てきたおばあさんたちは、強制されたということでないと、恥になる。親に売られたというようなことは、公の席で言うような話ではないわけで、隠したほうがいい経歴なのである。金学順さんも先に見たように発言を変えていった。

証言の裏取り検証がどうしても必要になる。日本政府は九三年七月二十六日から三十日に、韓国で一六人の元慰安婦から聞き取り調査を行った。

福島瑞穂氏がまだ議員バッジをつけていなくて、運動体推薦の弁護士として同席していた。しかし、日本政府はこのとき聞いた元慰安婦の証言について、「記憶があいまいな部分もあり、証言の内容をいちいち詳細には詰めない。自然体でまるごと受けとめる」（聞き取りを実施した田中耕太郎・内閣外政審議室審議官・朝日新聞九三年八月五日）として一切裏づけ調査を行わなかった。

しかし、それとは別に、その頃、韓国の学者らも聞き取り調査をしていた。九二年七月から九二年十二月末にかけて四〇余人を対象としたものである。一五人の学者らが挺身隊研究会という研究会を組織して、そのリーダー格が安秉直教授であった。

当時、安氏はソウル大学教授（現在、ソウル大学名誉教授）、韓国の近代経済史の大家で、実証的な本をたくさん書いている学者だ。安教授は九二年六月に研究会に加わり、そのときの聞き取りを事実上指導した。

私は二〇〇六年安教授に直接お会いして、その頃のことをお聞きした。

研究会に加わった動機として安教授は、「運動家だけでは事件の真実に迫る聞き取りは困難だと考え、自分は歴史学の方法論を身につけているから手伝おうと思い、また、慰安婦の問題が何なのか知りたくて最初はやった。当時、韓国で慰安婦と女子挺身隊が混同されていることも気にかかっていた」とおっしゃった。

また、「歴史学的に検証に堪える緻密な調査をすべきという私の考えに運動の論理が対立することもあった。そのためもあって、『証言集1』を出したところで自分は研究会から離れた」と率直な話もされた。


九二年六月、安教授が研究会に加わってから、聞き取りの準備作業として、慰安婦と女子挺身隊の年表作成、研究と資料の目録づくりなどを共同で進めたという。

併行して、韓国挺身隊問題対策協議会に登録している元慰安婦の聞き取りを本格化した。同年十二月現在で対策協議会に登録している元慰安婦は一一〇名、生存五五名、死亡五五名だったが、そのうち四〇名余りが連絡可能だった。

安先生は立派な学者で、ちゃんと検証作業をしたのである。自分だけでなく、他の参加者にも方法を教えた。何時間もかけて年表をつくった。記憶というのは曖昧で、思い出さなくてはいけないから、前後関係もきちんとし、あのときこうだった、そのときはそういう制度がなかったというようなこともやりながら、一人の元慰安婦と五回も六回も面会して聞き取りを進めた。

その記録を持ち寄り、六月から九月中旬頃まで毎週一回研究会を開いて午前一〇時から夕方六時頃まで聞き取りを検証する作業を続けたという。そうしてつくられたのが『証言集1』である。

これが出版された九三年二月頃、ちょうど日本外務省の北東アジア課長が慰安婦問題を話し合うために韓国に来ていたが、韓国外務省のアジア局長が、「この本に全部書いてあります」と言って『証言集1』を手渡したという。その話を聞いて、私もすぐ韓国から本を取り寄せて熟読し、安教授の「調査に参加して」と題するまえがきを読んで、強い感銘を受けたことを今も憶えている。その部分を引用しておく。

調査を検討するにあたってとても難しかった点は、証言者の陳述が論理的に前と後ろで合わない場合がめずらしくなかったことだ。このような点は、すでに五〇年近く前のことであって記憶の錯誤から来ることもありうるし、証言したくないことを省略したり適当にまぜこぜにしたりすることから来ることもありうるし、またその時代の事情がわれわれの想像を超越するものかもしれないという点もあった。
　この中でも調査者たちをたいへん困難にさせたのは、証言者が意図的に事実を歪曲していると感じられるケースであった。

---

安教授は慰安婦の証言集のまえがきに、自分の名前を入れて「証言者が意図的に事実を歪曲していると感じられるケース」と書いているのだ。そしてさらにこう続く。

---

我々はこのような場合にそなえて、調査者一人ひとりが証言者と人間的に密着することによって、このような困難を克服しようと努力し、大部分の場合に意図した成果を上げはしたが、ある場合には、調査を中断せざるを得ないケースもあった。このような場合は、次の機会に再調査することを約束するしかなかった。

---

安教授らは四十数人を対象として調査をしたのだが、採用されたのは一九人だった。つまり「証言者が意図的に事実を歪曲していると感じられるケース」などで調査を中断した人たちが半分以上いたということである。

日本の味方をしたら親日派だといって攻撃されるような状況の中で、しかも、日本政府が謝罪しているという中で、学者として、きちんとした調査をし、元慰安婦の中には「意図的に事実を歪曲していると感じられるケース」があったと文章に書いた人が韓国にいたということは銘記されるべきである。

安教授は先に引用した文の後に、調査の基本原則について次のように書いている。この原則こそが、私がこれまでずっと守ろうとしてきたものとまったく一致している。

我々の間でも調査初期にはお互い異なる調査態度を持つ場合もあったが、のちには真実をあるがままに明らかにすることを最大の原則に据えることに同意した。特に従軍慰安婦問題は植民地時代の恥辱の中の最大の恥辱と関連する問題だから、この問題についてどのように対処するのかということは真に重要な問題だと考えたからである。すなわち、真相の究明こそがこの問題に対処する最も重要な原則になり得た。そのため、我々は真実をあるがまま把握するために、一人の証言者に対して五、六回以上の面接調査を行った。

## 元慰安婦一九人の証言を検証

私はその一九人の証言を精読して、どうやって連行されたのかということを全部調べてみた。これ以外にも、当時、名前を出していた人たち、証言が入手できた人たちは二六人いた。私は、五種類の証言集を入手して検討した。このうち、安教授グループの聞き取りを除いて、すべて、ただ元慰安婦の発言をそのまま文章にしただけのもので、事実関係の検討や裏取り調査をしていない。

特に伊藤孝司さんという人がまとめた『証言　従軍慰安婦・女子勤労挺身隊』という本は、あとがきに「この本に収録してある証言の内容は百パーセント事実であるとは言えない。(略)同じ人に時間をおいて同じ事を聞くと、違う答えが返ってくる事もありましたし、他の人による聞き取りと違う場合もあります」と告白している。

それなら、安教授グループが、裏取りができて大丈夫だと思った一九人のうち、権力による強制連行だと言っている人が何人いたかというと、四人である。

ところが、そのうち一人は富山県に、別の一人は釜山の慰安所に強制連行されたと語っている。その二か所とも戦地ではなく、公娼のいる遊郭が営業していたから、軍がわざわざ慰安婦を連行するはずがない。したがって、信憑性がない。

残り二人は、実はすでにこの本で言及してきた金学順さんと文玉珠さんだ。

金さんは、先に検証したように、安教授らに対しては軍による強制連行と証言したが、それ以前の訴状などではその部分がないから、やはり信憑性がない。

文玉珠さんについてもまず、先に紹介したように、ビルマの慰安所でなんと二万六〇〇〇円以上を貯金した元慰安婦である。

そのうえ、これまた金学順さんと同じく、高木弁護士が作成した訴状では、朝鮮人にだまされてビルマの慰安所に連れていかれた、とされている。それが、安教授グループに対しては、ビルマの慰安所に行く数年前に、日本の憲兵に捕まり、強制的に満州の慰安所に連れて行かれたと語っている。金学順さんのケースと同じく、訴状作成にあたり憲兵による連行を話さなかった合理的理由がわからない以上、信じがたい。

つまり、そうなると、〝そして誰もいなくなった〟ということになってしまうのである。

文さんについては、日本人フリーライター森川万智子氏が二年数か月をかけて聞き取りをし、文献や現地での裏づけ調査をできる限り行って『文玉珠　ビルマ戦線楯師団《たてしだん》の「慰安婦」だった私』（梨の木舎・一九九六年）をまとめている。それによると、文さんも金学順さんと同じく、貧困のためにキーセンとなっている。

また、森川氏の調査で、ビルマでの文さんの慰安婦としての生活は、当時の楯師団の記録と合致するところが多いことも判明している。しかし、憲兵によって強制連行されたという満州での慰安婦生活については、裏づけはまったくできなかったという。それどころか、ビルマの慰安所で同僚だった五人の朝鮮人女性が満州でも同じ慰安所にいたなど、容易に信じられない記述がある。

その後も、何人かの元慰安婦がいろいろ証言している。たとえば二〇〇七年二月の米議会慰安婦問題公聴会で証言した李容珠という女性については、これまでさまざまな場所でかなり異なった証言をしており、やはりその証言だけでは権力による強制連行があったと証明はできない（秦郁彦「幻の『従軍慰安婦』を捏造した河野談話はこう直せ！」『諸君！』二〇〇七年五月号）。

安教授は、今の時点でも、韓国で勇気をもって発言し続けている。「強制動員されたという一部の慰安婦経験者の証言はあるが、韓・日双方、客観的資料は一つもない」「韓国には私娼窟があり、慰安婦が多数いる。そのような現象がなぜ起こるのかを研究すべきだ。強制によってそうした現象が起こるわけではないでしょう」と、去年（二〇〇六年）十二月六日、韓国のテレビ番組（ＭＢＣ放送「ニュース焦点」）で言って批判されたということだが、それでも、自分の主張をまったく変えていない。

今年、二〇〇七年三月に島田洋一福井県立大学教授がソウルで安教授に会っているのだが、その席で安教授は次のように語っている（「現代コリア」二〇〇七年五月号所収の島田洋一レポートからの引用)。

「関係者に依頼され、聞き取りも含め詳しく調査したことがあるが、私の知る限り、日本軍が女性を強制動員して慰安婦にしたなどという資料はない。貧しさからの身売りがいくらでもあった時代に、なぜ強制動員の必要があるのか。合理的に考えてもおかしい」

「兵隊風の男がやってきて、といった証言もあるが、当時、兵隊のような服を着た人間はたくさんいた」

「昨年、テレビでこうした見解を語って袋だたきにあったが、今後も同じことを言う。強制動員を示す資料はないというのは事実で、曲げようがないからだ」

「安倍首相は、厄介だから謝っておこうという態度を取ってはならない。それは韓国の議論をミスリードする」

### 韓国に広まってしまったウソ

加害者の証言は二つあったが、それはウソだということがわかった。そして、被害者の聞き取りについても、強制連行されたという部分については、同じ人が二つのことを言ったり、場所が日本だったり韓国だったりして矛盾することがわかった。女子挺身隊制度は慰安婦とはまったく別のものだった。日本政府がこのとき、全力で探したが、戦中の文書にも慰安婦強制連行を示すものは一切出てこなかった。

このようにして強制連行を証明するようなものは何もなくなってしまったのである。だから、本来なら、だいたい九三年ぐらいでこの論争は終わっていなくてはならなかったはずのものだ。ところが、問題の河野談話が九三年の八月に出てしまった。

日本政府はこの時点でずいぶん困ってしまったのだ。資料が出てこないからである。しかし、すでに宮沢総理が謝ったのだから、立場が弱い。韓国からも、とにかく強制連行を認めてほしいと言われていたわけなのだが、証拠となるものは出てこない。

さらに、当時、もう一人、韓国に立派な人がいた。呉在熙という駐日韓国大使だ。九三年一月に本国に帰り、記者会見をして次のように韓国民に対して訴えた。

「宮沢喜一・日本総理が昨年一月に訪韓したとき六回も挺身隊問題で謝罪しましたが、これは本心だと考えます」

「挺身隊の『真相』はきりがありません。いつまでかかるかわかりません。我々はどこまで願うのか、はっきりと線を引かなければなりません」

「挺身隊の真相とはある女性がどこで昼ご飯を食べて、服は何を着ていたのかというふうにきりがありません」

——韓国人被害者たちが証言した〝公権力による強制動員〟も日本政府は〝まだ明らかになっていない〟と言って認めていないないではないか。

「政府の調査は徹底した証拠主義だから『一方的な証言』は認定できない」

「その部分は日本政府が調査しても証拠が出てこないというのです。ほかを考えず当事者の言葉だけを信じてどうして認定するのですか。それは公的な調査をする我が国政府でも同じです。日本政府が故意的に強制動員についての資料を隠しているとは思いません」（以上、中央日報一九九三年一月七日）

「日本政府に対し、挺身隊募集の過程において日本政府の強制動員はなかったか、また挺身隊の全貌など真相究明への要求は継続して行っている」

「しかし、真相にはきりがなく、一定の線を引かなければならない」

「両国関係の未来のために無制限に清算を遅らせることはできない」

「冷徹な国民的論議を通じ現実と理想を調和させる清算基準に対する合意を引き出し、対日外交政策に反映することが必要な時期だ」（以上、統一日報（東京で在日韓国人が発行）一九九三年一月八日）

まさに、事実にもとづく冷静な議論であり、正論だ。ところが、大使の発言が報じられ、関係団体が抗議の声を上げると、前年十二月に大統領選挙に当選し、二月の就任式を前にしていた金泳三次期大統領がこの呉大使を叱って、元慰安婦の団体に行って謝ってこいと命じ、呉大使はその団体に行って謝らされ、さらに金泳三政権発足とともに交代させられてしまったのである。

実は、この呉大使は、九二年一月の宮沢訪韓を前にした韓国政府内の会議で、「トップ会談では慰安婦問題を出すべきでない」という正論を吐いていたこともわかった。

月刊「朝鮮」九二年七月号のレポートによると、宮沢訪韓に備えて韓国政府は大統領秘書室長主催で関係部署対策会議を開催した。そこでは、慰安婦問題と対日貿易赤字問題への対応をどうするかが集中的に議論された。呉大使はそこで、慰安婦問題はトップ会談で出さず実務レベルで取り上げるべきだと主張した。しかし、その意見は「日本勤務経験のある者は日本式論理から抜け出せない」と強く批判された。その会議で、大統領府と経済部署は、慰安婦問題をトップ会談で積極的に持ち出して対日貿易赤字に対する日本側の譲歩を引き出すべきと主張したという。

事実を明らかにすることを優先すれば、無条件で強制連行を認めるわけにはいかない。だが、そんな人間は、「日本式論理から抜け出ていない」「親日派」「民族の裏切り者」だと非難されることになった。

慰安婦強制連行という虚構を、かなりの数の韓国人が事実と信じてしまったことが、問題をこじらせている元凶だ。問題はウソが広まってしまったということだ。

だが、これはウソなのだ。「王様は裸だ」と言えるのかどうか、ということに問題は移ったのである。

日韓関係をよくしようと思ったら、「これはウソだ」と言わなくてはならない。日本と韓国の外交当局は、そのような本質的問題を考えずに、韓国人の一般の人たちが信じているウソに合わせた談話をなんとか出して、問題を先送りしようとしていた。

韓国には、「王様は裸だ」と言った外交官が存在した。元慰安婦が聞き取りでウソを言っていることを見破った学者もいた。しかし、日本には呉大使のような勇気ある良識派外交官はいなかったのだ。

## 外務省キャリアが発明した「広義の強制」

日本で、当時、調査をとりまとめていたのは、事務方のトップである官房副長官の石原信雄氏だった。その下に谷野作太郎氏という外務省アジア局長出身の外政審議室長がいたのだが、この人がいかにも外務省の秀才らしい「解決案」を出したようだ。秀才が国を滅ぼすというが、まさに誰も考えつかないような名案（？）を生み出したのである。

資料が出てこない。しかし、韓国は強制があったことを認めろと言っている。日本は先に総理が謝っている。こうした中で、強制は認められなかったという調査結果を出さなければならない。そのまま発表すれば日韓関係は悪化する。しかし資料にないことは言えない。どうするのか。

それでいかにも秀才官僚らしい名案が出てきたのである。それはなんと「強制」という言葉の定義を広げようというものだった。これが、いわゆる「広義の強制」の誕生だった。

本人がいやなものをやらせれば、それは強制である。ふつうは強制連行という場合、権力による強制を考える。誰が連行したのかは客観的な事実だ。

しかし、河野談話の強制は本人の主観を問題とする。いやでしたかと聞いたとき、本人の主観で、いやだったと答えれば、それは強制されたことになる、というものだ。

この定義でいくと、たとえば、会社員なら会社員が朝起きるのがいやかもしれない。母親なり女房なりが無理に起こせば、それは強制ということになる。これと同じ理屈なのである。

とにかく強制という言葉を使わないとだめだということで、強制は認めるが、発見された資料とも矛盾しないような認め方をしなくてはいけない。それで河野談話では、「本人の意思に反して」という言葉を入れたのである。

さて、河野談話を具体的に見ていこう。まず、全文を掲げておく。

---

慰安婦関係調査結果発表に関する河野内閣官房長官談話（平成五年八月四日）
いわゆる従軍慰安婦問題については、政府は、一昨年十二月より、調査を進めて来た

が、今般その結果がまとまったので発表することとした。

今次調査の結果、長期に、かつ広範な地域にわたって慰安所が設置され、数多くの慰安婦が存在したことが認められた。慰安所は、当時の軍当局の要請により設営されたものであり、慰安所の設置、管理及び慰安婦の移送については、旧日本軍が直接あるいは間接にこれに関与した。慰安婦の募集については、軍の要請を受けた業者が主としてこれに当たったが、その場合も、甘言、強圧による等、本人たちの意思に反して集められた事例が数多くあり、更に、官憲等が直接これに加担したこともあったことが明らかになった。また、慰安所における生活は、強制的な状況の下での痛ましいものであった。

なお、戦地に移送された慰安婦の出身地については、日本を別とすれば、朝鮮半島が大きな比重を占めていたが、当時の朝鮮半島は我が国の統治下にあり、その募集、移送、管理等も、甘言、強圧による等、総じて本人たちの意思に反して行われた。

いずれにしても、本件は、当時の軍の関与の下に、多数の女性の名誉と尊厳を深く傷つけた問題である。政府は、この機会に、改めて、その出身地のいかんを問わず、いわゆる従軍慰安婦として数多の苦痛を経験され、心身にわたり癒しがたい傷を負われたすべての方々に対し心からお詫びと反省の気持ちを申し上げる。また、そのような気持ちを我が国としてどのように表すかということについては、有識者のご意見なども徴しつつつ、今後とも真剣に検討すべきものと考える。

われわれはこのような歴史の真実を回避することなく、むしろこれを歴史の教訓として直視していきたい。われわれは、歴史研究、歴史教育を通じて、このような問題を永く記憶にとどめ、同じ過ちを決して繰り返さないという固い決意を改めて表明する。

なお、本問題については、本邦において訴訟が提起されており、また、国際的にも関心が寄せられており、政府としても、今後とも、民間の研究を含め、十分に関心を払って参りたい。


「慰安婦の募集については」で始まる部分が、強制連行と関係する第一の箇所だ。ここは、朝鮮半島だけでなく、すべての地域での慰安婦募集についての記述だ。

「慰安婦募集については、軍の要請を受けた業者が主としてこれに当たったが」とされ、主体は業者であることを明示された。ただし、「軍の要請を受けた」という修飾語により、ただ民間が金儲けのためにやったのではなく軍と関係があると強調して権力による強制連行に近いニュアンスも残す記述だ。

「その場合も、甘言、強圧による等、本人たちの意思に反して集められた事例が数多くあり」とされ、広義の強制である「本人の意思に反して集められた」ことを書いている。ただし、「事例が数多くあり」とされている点は、全地域での慰安婦募集では、「本人の意思に反しない」、みずから望んだ募集もあったことを明記している。日本人慰安婦のことを想定しているのかもしれない。

「さらに」以下の記述が大問題をはらむが、それはあとで取り上げることにして、先に「なお、戦地に」から始まる段落について検討しておく。この段落は朝鮮半島における募集について書いている。すなわち「募集、移送、管理等も、甘言、強圧による等、総じて本人の意思に反して行われた」。ここでも、広義の強制である「本人の意思に反して」という表現が使われている。

ただし、「総じて」という副詞がついているところが、全地域での募集について述べた、一つ前の段落と異なっている。朝鮮半島出身の慰安婦はみな強制連行の被害者なのだとする、大多数の韓国人が信じていた虚構と合わせるため、「総じて」が入ったようだ。

報道によると、この語を入れるかどうかは最後までもめたらしい。しかし、日本語の「総じて」とは微妙な意味を持つ。「すべて」とされれば一〇〇パーセントだが、「総じて」は、全体を見るとそのようだという意味で、平均的にそうだが例外もあったと読める。

朝鮮半島でもみずから望んで慰安婦になったケースがゼロではないというニュアンスをかろうじて残しているが、しかし、韓国ではこの表現が、すべての韓国人慰安婦は強制連行の被害者だと日本が認めたかのように読まれていた。

さて、もう一度、「慰安婦の募集については」から始まる部分に戻ろう。この段落の最後に、「慰安所における生活は、強制的な状況の下での痛ましいものであった」とされており、慰安所生活に於いて「強制的」という語が使われた。これも「広義の強制」の範疇に入る。

業者の募集については、本人たちの意思に反して集められた事例が数多くある。しかし「強制」という言葉は、募集のところには使われてない。

## 後世に禍根を残す河野談話

河野官房長官は、これを出した後の記者会見で、「強制連行を認めたのですか」と聞かれて、「そうです」と答えている。普通言われる強制連行というのは権力による強制連行だから、それを微妙に役人的な言葉遣いで、どちらから見ても大丈夫のようにしてある。資料にあったことしか書いていません、と言えるようになっている。しかし韓国人が普通にぱっと読むと、強制連行を認めたように読めるというふうにつくったのである。

権力による強制連行、言い換えると「慰安婦＝性奴隷説」というありもしないウソを多くの韓国人が信じていることが、問題の本質だったが、河野談話はそこに切り込むことを避け、「広義の強制」という詭弁、ごまかしで問題を先送りにした。ただし、ここで見たように、さすが外務省の秀才がつくった文章で、足は俵にかかっているが、何とか土俵に残っている。つまり、権力による強制連行は認めていないのだ。

そこで問題になるのは、「さらに、官憲等が直接これに加担したこともあったことが明らかになった」という部分だ。これを素直に読むと、本人の意思に反する慰安婦募集に官憲が直接加担したというのだから、権力による強制連行、つまり「狭義の強制」を認めたと読める。

私は河野談話が出たときに、外務省北東アジア課を訪ね、担当事務官に、この根拠を知りたい、特に「官憲等が直接加担」の根拠は何なのかと尋ねた。

外務省は私が「文藝春秋」に論文を書いたことを知っているから、「担当者はいません」とか言ってなかなか答えなかったが、最終的に担当者から聞けたのは「書類は出てきませんでした。根拠になったのは慰安婦の証言集と聞き取り調査です」ということだった。

そうだとすると、「官憲等」と入れたのは、重大な過ちだと私は思った。事実として証明されてないのに、あまりにもひどい。戦前に官憲だった方々にも人権はあるはずと私は一人で憤慨し、それをいくつかの雑誌などに書いたが、ほとんど反響がなかった。

私が「官憲等が直接加担」という表現が何を意味するのかを理解できたのは、河野談話が出てから四年後になってからだ。河野談話で慰安婦問題を歴史教育で取り上げると約束したこともあって、一九九六年に検定を合格したすべての種類の中学歴史教科書に従軍慰安婦に関する記述が入るという大事件が起きた。それで、西尾幹二氏、藤岡信勝氏、小林よしのり氏らが「新しい歴史教科書をつくる会」を結成して、慰安婦問題の論争の第二ラウンドが始まった。

それと同時期に、同じような問題意識を持つ自民党若手議員らが、「日本の前途と歴史教育を考える若手議員の会」（中川昭一会長、衛藤晟一幹事長、安倍晋三事務局長）を結成して、慰安婦問題について関係者のヒアリングを始めた。

そこに私も呼ばれ、九二年、九三年の論争の時期に蓄積した知識の一端を披露したりした。その際、外政審議室の東審議官に直接質問する機会があり、河野談話の問題の「本人たちの意思に反して集められた事例…（に）官憲等が直接これに加担したこともあったことが明らかになった」とされている問題部分は、朝鮮人の、権力による強制連行を認めたものではなく、インドネシア・ジャワ島での出先の数人の軍人による戦争犯罪行為を指しているとの回答を得た。

調べてみると、彼らは軍本部の許可なく一九四四年二月末から四月までの約二か月間、民間人収容所にいたオランダ人女性を、本人の同意なく売春婦として働かせ、連合国により軍人五人、民間人四人が戦争犯罪人として裁かれ、死刑、懲役刑などに処されている。

河野談話では、この「官憲加担」という表現は、慰安婦募集全般を述べた、「慰安婦の募集については」で始まる部分（先述）に入っており、次の「なお、戦地に」から始まる朝鮮半島での募集などを述べる部分には、「官憲加担」の文言がない。朝鮮では、「本人の意思に反する募集」に「官憲が加担」した事例はなかった、ということだ。

したがって、河野談話は詭弁の固まりで誤解を拡散させた元凶だから、早く新しい談話を出すべきではあるが、しかし、そこでさえ狭義の強制、権力による強制連行は認めていないということができるのだ。

## 「アジア女性基金」で支払いが既定路線に

ここまで詳しく見てきたように、一九九二年から九三年にかけての第一次慰安婦論争は、権力による強制連行はない、という私たちの側がほぼ全面勝利していた。この論争はごく少数の民間専門家らによって展開されていた。私たちは大変孤立していたが、よく戦ったと思う。

韓国でも、安教授や呉大使のように事実を曲げることを排するという基本姿勢を大切にする勇気ある真の知識人がいた。

ところが、宮沢内閣が、河野談話、すなわちウソに立ち向かうことを避けた詭弁の固まりである河野談話を出すと、慰安婦強制連行説、あるいは「慰安婦＝性奴隷説」はゾンビのように復活して、いよいよ日韓両国を席巻しだした。

事実関係の論争はほぼ勝ったが、広く論争の結果を伝えるという広報戦では負けていた。特に河野談話が出たことで、権力による強制連行はなかったという事実は広まらず、逆に強制連行があったかのようなウソの宣伝が日韓両国を被っていった。

日本は九四年に村山内閣が成立し、翌年にアジア女性基金がつくられ、慰安婦への謝罪事業が進んだ。

この基金がどんなものかというと、河野談話で広義の強制を認め謝罪したが、では補償はどうするのかということになって、国民の寄付で慰安婦の人たちに同情の意を示そうということでつくられたものなのだ。

しかし、寄付金がなかなか集まらず、寄付金以外の運営費や人件費などは全部税金でまかなわれ、総理大臣のお詫びの手紙を付けて、元慰安婦に一人二〇〇万円が償い金として渡され、政府資金で三〇〇万円相当の「医療・福祉援助」を行ったのだった。外交的に一度済んでいる戦後補償を日本政府がもう一度支払うという形に近いことになったわけだ。

この「アジア女性基金」は、韓国で大問題になって、韓国の慰安婦の女性を支えている運動体の、韓国挺身隊問題対策協議会などの人たちは、女性基金のカネを受け取るのは反対だと言い出す。この人たちは裁判で日本政府を負かすか、あるいは日本政府から賠償を取るまでは納得できないと主張するのだ。償い金だと称して、政府でなく国民の寄付を集めているこの女性基金はまやかしだというのである。

その結果、受け取った人たちと受け取らない人たちとに割れて、受け取らない人たちは受け取った人たちを裏切り者だと言ってののしるというようなことになったのである。

日本は、謝れと言うから謝り、何か気持ちを示せと言うからお金を渡しているのに、それでも彼らは、まやかしだと言う。運動をやりたい人たちは、運動のための運動をやっているから、運動のタネがつきると困るということなのだろう。

すると、韓国政府は、日本の「アジア女性基金」を拒否した人間には、ほぼ同額を韓国政府が一時金のような形で支払うことにした。徴用されて身体障害者になった人でも韓国政府は払っていないのに、元慰安婦が日本のお金は受け取らないと言ったために、韓国の国家予算から払ってしまった。すでに韓国政府は九三年に一時金五〇〇万ウォン、毎月一五万ウォン（のちに五〇万ウォン）の支給と公営住宅入居という元慰安婦への生活支援を行っていたから、二度目の韓国政府支援ということだ。

このようなおかしなことが韓国で起きてしまい、いまだにこの人たちは、日本政府に謝れというデモを続けている。そして、この人たちの運動が日本では裁判でも負け、教科書にもだんだん書かれなくなり、強制連行はなかったのだという雰囲気が広がっていく中で、今度はこれが国際的に広まって、国連に行き、米国議会まで波及していくのだ。

安秉直教授は、先に見た二〇〇六年十二月の韓国のテレビで、運動体の体質を次のように批判している。

「私も最初は強制動員があったと考え、韓国挺身隊問題対策協議会（挺対協）と共同で調査を行ったが、三年でやめた。挺対協の目的が、慰安婦問題の本質を把握し、今日の慰安婦現象の防止につなげることにあるのではなく、単に日本とケンカすることにあると悟ったからだ」

安教授が批判している挺対協の代表を務めた女性社会学者に鄭鎮星ソウル大学教授がいる。彼女は東大で二年間、研究員として過ごし、「反日」日本人とのネットワークをつくったといわれている。彼女は、安教授のように事実を明らかにするという学者としての良心より、「日本とケンカする」という政治目的で研究を進めているから、「反日」日本人学者らと気が合うのだろう。

彼女の夫は現在、朝鮮日報の主筆である。そのため保守派の良識紙である朝鮮日報も、慰安婦問題では左派の捏造に迎合するケースが多いのかもしれない。

それを見ながら、私は、いくら真剣に謝罪をし、基金から金を配ったとしても、絶対にここまでこじれた日韓の感情的対立は解消しない。むしろ、悪くなる。まず、事実を正しく解明し、ウソを信じている人たちに正しい情報を伝えること、それなしに何をしてもむなしいだけだと、強く思っていた。謝れ謝れとはやし立てる「反日」日本人たちに心からの怒りを覚えていた。

## 「反日」日本人とマスコミの関係

当時、私が何を考えていたのかを示すため、九二年八月五日に出版した拙著『日韓誤解の深淵』の結論として書いた「反日」日本人批判を読んでいただこう。ここでの〝「反日」日本人〟という言葉は私の造語だ。

現在戦前の日本の「悪業」の告発に先頭に立っている日本人たち（『朝日新聞』、雑誌『世界』および「進歩的知識人」ら）は、これまで何回となく意図的な嘘にもとづくキャンペーンを展開してきた。七〇年代、中国の文革の実態が明らかになり、ベトナムがカンボジア、中国と戦争を始めるなか、彼らが逃げ込んだのが、韓国・朝鮮問題ではなかったか。

ここでは悪いのはアメリカと日本だという彼らの図式がまだ何とか通用するかに見えたからだろう。そこで多くの嘘がまき散らされた。しかし、結局嘘によって進められた運動は弱い。ソ連の崩壊により東西冷戦がアメリカを中心とする西側の一方的な勝利で終った今、彼らの図式はまったくその用をなさなくなってしまっている。だから彼らが本来なさなければならないのは反省であって、新しい対立の火種探しであってはならなかったはずだ。

彼らの最後の砦が、過去の日本の韓国・朝鮮への「悪業」に対する告発になったのではないか。だから、日本を糾弾すること自体が目的であって、韓国人被害者を支援することを本当に真剣に考えているのかは大いに疑問だ。なぜなら、被害者を助けたいと思うのなら、まずだれがどのような被害を受けたのかという事実を正確に糾明することが不可欠の第一のステップであるはずだ。

ところが彼らはそれをしないで、日本の「悪業」を告発するという彼らの目的に合う「証拠」「証人」だけを選んで、挺身隊＝慰安婦などとの嘘もまじえながら反日キャンペーンを展開することに専念している。そして事情を知らない多数の日本人は、彼らの「善意」を信じてカンパをしたり精神的支援を送ったりしている。

一方、韓国側では、「反日」日本人と組んでいるのは元慰安婦、元日本軍人・軍属や徴用労働者の人々だが、実はこれらの人たちはそれまで韓国内では「親日分子」「対日協力者」という眼でみられていて肩身の狭い思いをしていた。日本が戦争を遂行するのに協力させられた人々であって、独立運動家らのように日本軍と闘った人たちではない。だからこそこれらの人々の日本告発はかえって激しくならざるを得ないという側面があるのだ。（中略）

その上、韓国のマスコミは少し誇張して言うと、日本に対する非難であれば事実関係の確認をしなくても良いという雰囲気があるだけでなく、多くの韓国の日本専門家らがそれに安易に乗っかって反日論を展開する。つまり「反日」の乾し草は山と積まれているのである。火種を投ずればすぐ燃え上がる条件ができている。だから「反日」日本人らが展開する日本糾弾は韓国のマスコミでいつも大きく取り上げられることになる。この両者の不幸な相互作用によって本来友好であるべき両国民の感情の溝は回復困難なほどに深まってきてしまったのである。

もう一つ指摘すべきは、両国政府が事実関係に対するきちんとした調査なしに、一方は過去の経緯を無視した要求を出し、もう一方はそれを正面から反論せず小出しに受け入れていくというその場しのぎの対応をくり返していることが事態をより悪化させているのだ。（中略）

日本告発を第一とする「反日」日本人と、それと呼応する「反日」を大きな声で叫ぶ必要がある韓国人とだけが連帯し、両国マスコミが意図的誤報をまじえてそれをさらに大きく増幅させ、両国政府がそれに流されて定見のない反応を見せた結果、日本の国を愛し、その上で韓国とも仲良くしたいと考えていた人たちはどんどん韓国離れしていっている。また、韓国でも韓国を愛し日本のことを正確に知って、冷静に日本との友好関係を築くべきだという人たちがかえって売国奴呼ばわりされて、発言権が弱くなっているこれは両国にとって、ひいては東アジアの平和と安全保障にとって大変不幸な事態ではないか。

今くらい、事実に基づく冷静な議論が求められている時はない。筆者も含めて関係者のさらなる努力が緊急に求められていると思う。

## 「朝まで生テレビ!」で大論争

ほんとうに強制連行があったのか、なかったのか、という大論争が続き、私は「朝まで生テレビ!」に「慰安婦」の問題で二度出演することになった。

九三年に「朝まで生テレビ!」に「慰安婦問題」で最初に出演したときは、すぐ目の前に高木健一弁護士や辻元清美さんや小沢遼子さんがいた。

以前、私は、この番組に在日朝鮮人の指紋押捺問題で一度出たことがあったのだが、このときは、筑波大学の中川八洋教授に出演依頼があった。中川教授から私に電話がかかってきて、「慰安婦問題のテーマで、自分のところに出演依頼があったけど、自分はこの問題は専門じゃないから、テレビ局に、西岡が出るなら私も出ると言っておいたから、あなたも一緒に出てくれ」と言われたのだった。

私はこの問題で、論文も書いていたが、このテーマはテレビで話すようなことではなく、強制連行はなかったと言うと悪人の代表みたいになるので、テレビでわあわあやるのはどうかなと思ったのだが、「あなたが出なきゃ出ない」と言われて、そうなると、出なければ男がすたると思って出ることにした。

そこでは、討論の資料として吉田清治のインタビュー映像が流れ、慰安婦の女性たちが泣きながら叫んでいる光景も映し出された。討論はこういう一種異様な雰囲気の中で行われた。

このとき、私は、「先ほどインタビュー映像が流れた吉田清治の強制連行証言は信じられない。吉田の本の韓国語版が出版された直後、済州新聞の女性記者が、吉田が本の中で兵隊らと慰安婦狩りを行ったと書いている済州島の現地取材をしたが、地域に住む人は口をそろえて、でたらめだと否定し、地方史学者も吉田の本は事実無根の部分もあり、道徳性が欠けていると批判している」と強調した。

それから、強制連行説の根拠とされる元慰安婦の証言について、前に述べた安教授らがつくった韓国語の『証言集1』を手にしながら言った。

「韓国政府もこれにみな書いてあると言っている。しかし、ここに出てくる一九人の元慰安婦のうち強制連行されたと言っている人は四人しかいなくて、そのうち二人は韓国の釜山と日本の富山で慰安婦にさせられたと言っている。しかしそこは戦場ではない。あとの二人は、訴状に書いてあることと、この証言集で言っていることが違う。そうなると、強制連行されたことを証明できる人は誰もいないじゃないですか」

すると、高木弁護士らは強制連行があったという反論をまったくしてこない。論点をずらして、「問題なのは、連行されたことだけじゃなくて、連行されたあとの生活がどうだったかだ」というようなことを言う。

彼らも、最初は強制連行を強調していたはずだが、その頃にはすでに、吉田清治の言っていることに信憑性がないこと、政府が公開した多くの資料を見ても、軍が強制的に集めたというものは出てきていないということをわかってきていたのである。権力による強制連行説は、専門家同士の論争ではこのように九三年、河野談話の直後、すでにはやばやと姿を消していた。

しかし、司会者や高木弁護士以外のパネラーには、私の意見が専門的すぎて理解してもらえない。私が強制連行説の根拠を崩すと、高木弁護士らは反論できず口をつぐむのだが、他の人は何が論じられているかよくわかっていない。しかし、私は心の中で、「これで慰安婦問題については論争が終わった。強制連行説が破れた以上、慰安婦は貧困が原因で身売りした存在だから、外交問題として取り上げたり、テレビ討論の議題にすることも必要ない」と思いながら、この重大な論争の結論をなぜ、司会者も他のパネラーも問題にしないのかといらいらしつつ、なかなか回ってこない発言の機会を待っていた。

小沢遼子さんなど、「だいたい男はみんなよくないから、戦場に送るときは去勢して送ればいい」などと、本気なのか冗談なのかわからないことを言ったりした。

こちらは真剣に資料を読んで、関係者に多数会い、現場に行って、事実が何なのかということを必死で知ろうとしているのに、とてもそういうことを論じるような雰囲気ではなかった。

それでも言わないより言ったほうがいいと思い、言うだけのことは言ったのである。

番組が終わった後、テレビ局から電話がかかってきて、吉田から抗議の電話がきたという。これから吉田のところに説明に行くと言うので、私は明言した。

「私は謝りませんよ。そして、私の発言であなたたちが勝手に謝ってもらったら困る。吉田さんが名誉棄損で訴えるなら、受けて立ちます」

## テレビもそっぽを向いた吉田清治証言

その後、先に見たように一九九七年「新しい歴史教科書をつくる会」ができ、その年、四月から使われる中学校歴史教科書のすべてに慰安婦の記述が入ったことを問題にした。「朝まで生テレビ！」で、九七年一月、「新しい歴史教科書をつくる会」の主要メンバーとそれに反対する側との「激論！教科書〝従軍慰安婦〟記述は是か非か」と題する対決番組みたいなものがあった。私は「つくる会」の役員でも会員でもなかったが、そのときは「つくる会」の役員から、出演を依頼され出ることにした。

「つくる会」側には西尾幹二氏と藤岡信勝氏と小林よしのり氏。向こう側には吉見義明（中央大学教授）、上杉聰（日本の戦争責任資料センター事務局長）、梶村太一郎（在ドイツジャーナリスト）、西野瑠美子（ルポライター）、高嶋伸欣（琉球大学教授）ら各氏だった。

それ以外に秦郁彦（千葉大学教授）、尹健次（神奈川大学教授）、デーブ・スペクター（放送プロデューサー）の各氏がいた。

デーブ氏は私の隣に座っていて、ヒックスというオーストラリア人学者の書いた『コンフォート・ウーマン（慰安婦）』という英文の本を机の上に置いて、「これで終わりですね」

などと言う。

実は、その本の有力な根拠が吉田清治証言で、この間の日本での論争をまったく反映していない、でたらめな本なのだが、デーブ氏は、そのような基礎的知識も持たずに討論に出てきた。また、尹健次教授は九七年のこの日の討論でも、慰安婦は挺身隊として動員されたなどと、まったく根拠のない発言を行い、勉強不足をさらけ出していた。

「朝まで生テレビ！」では二度目の慰安婦についての論争だったから、私は期するところがあった。先に書いたように、九三年の一回目の放送で、テレビ朝日は吉田清治の証言映像を長々と流した。討論の中で私は済州新聞の記事を引用して、吉田証言は信じられないと主張した。

その後、自分たちが調べた結果、間違いだったことがわかったのだろうか、テレビ朝日も吉田清治の証言を使わなくなった。済州新聞の記事のことなどが広まってきて、テレビ局もさすがに吉田はだめだと思いはじめるのである。それで吉田清治をテレビで使わなくなる。ところが、放送での訂正がなかった。

私はこの日、司会者の隙を見て、「このテレビ局は、おかしい。この番組はおかしい」と言った。

「前回、この番組に私が出たとき、吉田清治のインタビューを映像で出したのだが、私はこの証言をウソだと言った。しかし、その後もテレビ朝日は訂正を出していない。訂正を出してないということはいまだに吉田証言が正しいと思っているわけで、そうなれば私がウソつきということになる。

テレビ朝日の幹部とこの番組の制作者は、私をもう一回スタジオに呼んで討論をさせる前に、テレビ局として、吉田インタビューは疑わしいものでしたと、視聴者に訂正と謝罪をすべきだ」

あの番組は冷静な討論とはほど遠く、大勢が勝手に話し出すことが多く、なかなか発言の機会がまわってこない。早口だったが、これだけは言ってやろうと思っていたテレビ局と番組の批判を話した。

本書を書くために、書店で慰安婦関係の本をあらためて買ったのだが、その中に石川逸子『「従軍慰安婦」にされた少女たち』（岩波ジュニア新書・一九九三年）がある。同書は、初版を一九九三年に出し、二〇〇五年に第一五刷を発行しており、〇七年現在も書店で売られている。この中で、吉田証言が事実としてながながと引用されている。少年少女向けに、このようなウソを売り続ける岩波書店も許せないと強く思った。

## 吉見義明教授の「慰安婦＝性奴隷説」

番組では、まず、強制連行があったかなかったか、という話になったのだが、私はすぐ「吉見先生、朝鮮半島で権力による強制連行があったと証明できているのですか」と聞いた。

すると、「それは証明できていません」と言ったのである。後日、そのやりとりを小林よしのり氏が漫画にして、「本当はこれで論争は終わったのだ」と解説していたが、まさにそのとおりだ。

吉見教授は一九九七年二月二十七日付け朝鮮総連機関紙「朝鮮時報」で、「『官憲による奴隷狩りのような連行』を裏づける公文書は、今のところ出ていない」と明言している。また、アジア女性基金の呼びかけ人である和田春樹・東大名誉教授も「官憲による直接的な強制を立証する文書資料が未だ発見されていないのはたしかです」（『アジア女性基金ニュース』八号、一九九七年三月五日発行）と述べている。

その後、吉見教授らは、「慰安所の中での生活が悲惨だった」などと言いつのり、河野談話のときに苦しまぎれに政府がつくりだした詭弁である「広義の強制」に逃げ込んでいく。

ちなみに、吉見教授は、河野談話より早い一九九二年十一月に出した『従軍慰安婦資料集』（大月書店）の解説で、「強制連行というと人狩りの場合しか想定しない日本人が多いが、これは狭義の強制連行であり、詐欺などを含む広義の強制連行の場合を深刻に考えてしかるべきだ」と書いていた。小林よしのり氏は『新ゴーマニズム宣言・第四巻』（小学館・一九九八年）でそのことを指摘し、吉見氏こそが「広義の強制」というごまかしの論理を最初につくったと告発している。

小林氏の告発の如く、吉見教授の論理はちょっと常識ではついていけない。吉見教授は、権力による強制連行はなくても慰安婦は性奴隷だと、次のように主張する。

「『慰安婦』制度は公娼制度よりも悪質な性奴隷制度だ。公娼制度には建前でもそれなりの保護規定があったが、『慰安婦』制度は軍も一切の保護法規をつくらず、日本が当時加入していた国際法すらクリアーできない、最悪の奴隷制度であった」（「朝鮮時報」九七年二月二十七日）

吉見教授は慰安婦が性奴隷制度だとする根拠として挙げるのは、たとえば、次の二点である。

1　日本では慰安婦になるのにきちんとした手続きが必要だったが朝鮮にはそれがない。
2　日本では公娼には国際法による年齢制限があって二一歳未満は公娼になることを禁

じられていたが、朝鮮では一七歳未満が禁止されており、未成年が国際法の規定の適用を受けずに慰安婦にされていた。

当時の条約は加盟するときに、植民地での適用を一部留保できた。それは経済、社会状況に違いがあったからで、当時の日本もそのような対応をしただけだ。立場によっては、これをさして「差別」と非難することは可能だろうが、性奴隷制度だったと主張することは、まさに論理の飛躍、ためにする言いがかりとしか言いようがない。

ちなみに、奴隷制度とはいかなるものかを示す格好の新聞記事を最近眼にしたので紹介しておく。

---

「おれは奴隷として生まれた。主人の先祖が曾祖母を買ったんだ」

マタラ（32）は静かに語りはじめた。褐色の肌。目元や鼻筋に、アラブ系と黒人が混血した先祖の歴史がのぞく。

アフリカ大陸北西部のモーリタニア。マタラは、今もこの国に数千人から数万人存在するとされる奴隷の一人だった。北部の砂漠地帯でラクダを放牧する主人から脱走したのは3年前だ。

ラクダの群れを追った少年時代、自分が主人の所有物であることを心に刷り込まれた。主人一族と同じじゅうたんに坐ること、目を見ること、食事をする姿を見ることを禁じられた。残飯を食べ、家畜小屋の裏にマットを敷いて寝た。金銭の報酬はなく、学校に行ったこともない。

ラクダを見失えば殴られた。左ほおに、その傷が残る。「母や姉が殴られるのを何度も目にした。脱走を図って捕まり、殺された者もいた」（「産経エクスプレス」二〇〇七年五月十二日）

---

奴隷とは「主人の所有物」となり、金銭の報酬なしに働かされ、殴られても文句を言えない存在だ。この記事に出てくるマタラさんは一九七〇年代生まれの元奴隷であり、彼の母と一二人の兄弟はいまも奴隷として主人の下にいるという。

これと比べて、朝鮮人慰安婦は、前借金を返せば自由に帰国でき、文玉珠さんなどはわずか三年で二万六〇〇〇円という大金を貯金できた。これがどうして性奴隷なのか。

吉見教授がリーダーになり九人の研究者らが集まって、慰安婦問題の共同研究が行われている。その成果が『共同研究　日本軍慰安婦』（大月書店）として一九九五年に出版された。その中に朝鮮半島からの慰安婦募集に関する実証的な研究が入っている。

それを読むと、朝鮮における慰安婦の募集は軍や警察、総督府など公権力が行ったのでなく、業者が行ったとある。

業者の中には軍から慰安所の営業許可をもらっている業者とその下請けの女衒がいた。女衒が各地を巡り慰安婦を集めて大都市で待つ業者のところに連れてきた。女衒の女集めの方法は「身売り」と就業詐欺で、これは朝鮮国内での接客業の場合と同じだった。総督府は女衒による就業詐欺を刑事犯として取り締まっていた。

さらに、朝鮮の新聞に、「慰安婦募集」などという広告が出ていたことや、朝鮮の花柳界の話が出てくる。戦争が激しくなると、贅沢はいけないということになり、花柳界にあまり人が行かなくなる。それで業者が、慰安婦を連れて戦場に行ったというような記録が出てくる。そのことも実証論文で書いているのである。

これを素直に読めば、朝鮮における慰安婦募集は権力による強制連行などではなく、貧困による身売りそのものだったことがよくわかる。このような事実を知りながら、吉見教授は「慰安婦は性奴隷」と言い続ける。

慰安婦研究の権威とされ、海外からの取材や問い合わせを頻繁に受けている吉見教授が、「『慰安婦』制度は公娼制度よりも悪質な性奴隷制度だ」などと語り続けているから、米議会が慰安婦を性奴隷とみなして、日本を一方的に糾弾するような、問題の多い決議案ができてしまうのだ。

国際的に見れば、吉田清治のいうような軍人による暴力的連行があったならば、性奴隷だが、日本人慰安婦に比べて保護規定の適用が厳格でなかったなどという理由で性奴隷だったということなど、考えられない。

吉見教授は本当に学者なのか。それとも職業的反日宣伝屋なのか、強い怒りを覚える。吉見教授が日本で慰安婦の共同研究を進めていたのとちょうど同じ頃、韓国では先に紹介した安教授が若手の研究者をリードしながら慰安婦研究を進めていた。二人の学者の事実に対する姿勢はまったく対照的だ。

日本にも誠実な研究姿勢を持つ歴史学者がいた。一九九四年八月に『従軍慰安婦問題の歴史的研究　売春婦型と性的奴隷型』（共栄書房）という本を出した倉橋正直愛知県立大学教授だ。からゆきさんの研究を長年行ってきた立場から、従軍慰安婦には売春婦型と性的奴隷型があったという説を提起した。ところが、この説を九三年に韓国の慰安婦研究者で反日運動家の鄭鎮星教授に示したところ、「韓国では受け入れられない」と言われてしまう。

それに対して倉橋教授の答えはこうだ。

「いくらお金のためとはいえ、同胞の女たちが、みずから進んで、納得ずくで、戦地に出かけ、従軍慰安婦になった。——韓国人の人たちの立場からいえば、これはどうしても認めるわけにはゆかない。やはり、むき出しの暴力によって、彼女たちが無理やり戦地に強制連行されたと理解したいのである」（同書八九頁）

「たしかに、韓国側の主張が出てきた理由はまことによく理解できる。しかし、そういったこととは別に、歴史の真実は冷徹、かつ理性的に追究してゆかねばならない。それが、真実の意味で、相互理解を深め、また、両国の友好に貢献すると考えるからである」（同書九〇頁）

倉橋教授は、朝鮮で発行されていた新聞「毎日日報」に一九四四年十月と十一月の二回、『軍』慰安婦急募」という広告が出ていた事実を挙げて、一九四四年になっても売春婦型の慰安婦の募集があった、と主張する。慰安婦がすべて強制連行されたのなら、広告は必要がない。朝鮮の新聞に募集広告があったことは、強制連行がなかった証拠である。

このように、少し深く入っていくと、闇に突き当たる。韓国側の主張を無条件で受け入れられなくなる。突き当たったときに、どうするかでその人の知的誠実さが出る。政治的な立場のために虚構から抜けられずに詭弁でごまかし、それを利用して日本を貶めればいいと考えるのが高木健一弁護士や吉見教授のような人なのである。

ただし、倉橋教授は、戦争末期には、軍と行政機関が奴隷狩りのような慰安婦動員を行い、慰安所でもまさに性奴隷として虐待したことも事実だと主張する。それが、倉橋説の「性奴隷型慰安婦」だ。しかし、その存在を証明する資料はない。倉橋教授の知的誠実さは限界にくる。元慰安婦の一部が、軍などに強制連行され、慰安所では一切の自由がなく、売春の代価ももらわず、逆らうと暴行されたり殺されたと証言していることを疑ってみることができない。それで、資料がないのは徹底的な関係資料の隠滅がなされたからだという奇妙で非合理的な説明にとどまってしまう。

もっとも、倉橋の性奴隷説は、「広義の強制」などと逃げないで、権力による強制連行があったことを前提にしている。しかし倉橋教授も現段階ではその存在を証明する資料はないと明言している。吉見教授のような詭弁は弄していない。

## 河野談話への関心の高まり——論争は国会の場へ

さて、吉見教授と同じく、朝日新聞も一九九七年三月、権力による強制連行説をひっこめ、慰安所における悲惨な生活などを強調する方向転換を見せた。一九九二年以降続いてきた、権力による強制連行があったかどうかという論争に於いて、ついに私たちが勝ったのだ。

しかし、彼らは河野談話が持ち出した詭弁である「広義の強制」に逃げ込み、慰安婦問題を取り上げ続ける。そして、強制連行がなかったと主張している良識派に対して、「従軍慰安婦がなかったと言いつのる人たちがいる」などと社説に書いて、逆攻撃を仕掛けてきた。

政府が河野談話で「広義の強制」を持ち出したのは、韓国への外交的配慮で玉虫色の内容にして、これ以上、慰安婦問題を取り上げないための便法だった。しかし、朝日は今後も、慰安婦問題を日本叩きの材料として使い続けようとして、「広義の強制」を出してきた。

慰安婦問題とは突き詰めれば、朝日が主導してきた捏造報道をどうただすか、ということが焦点になる。彼らはこれまでの意図的捏造を訂正しないまま、慰安婦問題での謝罪を続けよ、歴史教科書にも載せ続けよ、それに反対する勢力は歴史から目を背けている悪人だと開き直った。

それでも、日本では、やっと九七年頃になり、タブーが少しずつ解け、慰安婦問題を公開的場所で議論できるようになった。そうなれば、事実関係については九二年以降の積み重ねがあるので、結論は常識的なところに落ち着いていく。

それは日本の政府がやったわけではなくて、外務省が音頭をとってやったのでもない。何人かの学者とか研究者が努力して、取材をしたり、調査をしたりした結果、権力による強制連行というのはなかったことが国民の認識として広がりはじめた。

先に見たように、朝日新聞や吉見教授らは「広義の強制」論に逃げ込み、強制連行がなくても重大な人権侵害があり日本は責任があるなどと、詭弁を弄し続けているが、ほぼ論争が終わって、いい方向に向かいはじめたのである。

「朝まで生テレビ！」に私といっしょに出演した小林よしのり氏の果たした役割は大きかった。

このとき、小林よしのり氏のマンガ『新ゴーマニズム宣言』や『戦争論』などがブームになった背景の一つには、彼がタブーを破り、慰安婦のことを正面から取り上げたからであった。彼は、最初は、強制連行があったのかなかったのかわからないということで、両論併記だった。

でも、調べてみると、やはり強制連行説はおかしい、ということになる。彼は、タブーに屈せず、王様は裸だと言った。すると、多くの若者たちがついてきて、結局真実が広まることになる。

彼が言っていることの多くは、私たちが四、五年前に論争していたことだったが、それでも、事実がわかるということと、それを広めるということは別だ。先に書いたように、九二年の論争第一ラウンドは、事実関係解明では勝ったが、広報戦では負けていた。広報戦の部分では、小林よしのり氏の貢献は大きい。

「新しい歴史教科書をつくる会」ができたと同じ時期に、国会議員も、教科書問題はおかしいということを感じはじめていた。これが先に触れた「日本の前途と歴史教育を考える若手議員の会」である。今の自民党の中川昭一政調会長が会長となり、安倍総理が事務局長となってスタートした。

これは、常識的にものを考える、自虐的でない普通の日本にすべきだと考える若手議員の集まりだったが、そこで、いろいろな人を呼んで、慰安婦の強制連行があったのかなかったのかをヒアリング調査した。議員たちが質問したのだが、私も一回そこに呼ばれた。そのとき、外政審議室の人間も横にいて、私とやりとりをした。そこで河野談話の官憲が強制連行に加担したと読める表現について、実はインドネシアであった出先の日本軍人らの戦争犯罪事件だと聞いた。このことは、先に書いたとおりだ。

九七年三月には国会でも論争が展開された。私はそのとき、小山孝雄参議院議員から、慰安婦問題を予算委員会で本格的に取り上げたいから力を貸してほしいと頼まれ、九二年以降の論争で明らかになった点を整理してお伝えし、「河野談話」が何を根拠に出されたのか、特に「官憲等が直接これ（本人の意志に反する募集）に加担した」と書いたのは、何を根拠にしているのか、慰安婦強制連行を証明する公文書があったのかをぜひ尋ねてほしいとお話しした。

小山議員はこの間政府が探し出して公表した慰安婦に関する資料を網羅的に調べるなど、精力的に質問準備をした。

同じ頃、ジャーナリストの櫻井よしこさんが、石原信雄・元官房副長官や河野洋平・元官房長官らに取材して河野談話の問題点を告発するレポート（「密室外交の代償」『文藝春秋』九七年四月号）を発表し、河野談話への関心が高まっていた。

九七年三月十二日、橋本龍太郎首相、梶山静六官房長官、以下、外相、文部相など閣僚がほぼ全員席に着くなか、小山議員の質問が始まった。わたしは傍聴席で一部始終を見守っていた。河野談話に関する主要部分は次のとおりだ。

**小山**　政府の報告の中で、強制連行があったと判断したもとの資料は何でしょうか。

**平林博**（内閣外政審議室長）　政府の発見しました資料の中からは、軍ないし官憲による強制連行の記述はございませんでした。

今申し上げておりますのは、ほかの証言、資料等も含めまして、総合的に強制的な要素があったということを申し上げている次第でございます。

**小山**　ここに報告書の写しを持っております。私がここに持っておりますので、どれがどれで、どれが公開されて、どれが非公開なのか、明らかにしてください。

**平林**　今、先生のお持ちの資料の中には、日本の関係省庁、それから国立国会図書館、アメリカの国立公文書館等のほかに、関係者からの聞き取り先、あるいは参考にしたその他の国の内外の文書及び出版物が並べられておると思うんですが、このうち公開していないものは関係者からの聞き取りだけでございまして、その他はすべて公開している次第でございます。

**小山**　参考とした国内外の文書は全部公開でしょうか。

**平林**　原則として今おっしゃったとおりでございますが、韓国の太平洋戦争犠牲者遺族会というのがございますが、ここの資料だけは内部資料だということで渡されておりますので、これは例外的に非公開ということになっております。

**小山**　そうしますと、我が日本国の各行政機関、それから国立国会図書館、国立公文書館、そして米国国立公文書館から出たものは全部公開されている。そこには強制連行を直接示す資料はなかったということが確認された。

そうすると、残りは関係者からの聞き取り調査です。すなわち、元従軍慰安婦を中心とした関係者からの聞き取り調査は明らかにされていない。それから、参考文献の中に太平洋戦争犠牲者遺族会等韓国の遺族会がまとめた元慰安婦の証言集、これが非公開ということですね。

**平林**　そのとおりでございます。

**小山**　その証言集の裏づけはとっておりますか。

**平林**　お答え申し上げます。

個々の証言を裏づける調査を行ったかという御趣旨でございましたら、それは行っておりません。個々の方々、これは元従軍慰安婦もおりますし、元慰安婦もおりますし、それから軍人さんたちのあれもございますが、それの証言を得た上で個々の裏づけ調査をしたということはございません。

**小山**　そうしますと、公開されていない資料、そして個々の裏づけ調査をしていない資料で政府は平成五年八月四日の決定を行った、こういうことになりますか。

**平林**　結論としてそのとおりでございますが、全体を子細に検討して、総合的に判断した結果ということでございます。

**小山**　そういうことですから、当時この調査に当たった、政府の方針に携わった方々が今いろんなところで疑問を呈しておられる、こういうことだと思います。既に公表されているものでも研究者が、例えば秦郁彦千葉大教授だとか西岡力東京基督教大学助教授の詳細な調査、検証が行われていて、既に公にされている証言集等についてはほとんど信憑性がないということが立証されているわけであります。

例えば、今発売されている文藝春秋誌上には先ほど申し上げました櫻井よしこさんのレポート、あるいは産経新聞の先週の日曜日だったでしょうか、インタビュー記事、例えば当時の石原信雄官房副長官が、韓国における政府の聞き取り調査が決め手になったことを認めた上で、「最後まで迷いました。第三者でなく本人の話ですから不利なことは言わない、自分に有利なように言う可能性もあるわけです。それを判断材料として採用するしかないというのは……」と述べているわけであります。

また、当時の外政審議室長も、今どこかの大使に行っていますが、「そのまま信ずるか否かと言われれば疑問はあります」と証言しております。さらにまた、聞き取り調査に行った当時の外政審議室の審議官田中耕太郎さんは、調査が終わった日にソウルでの記者会見で、証言をした慰安婦の方々の「記憶があいまいな部分もあり、証言の内容をいちいち詳細には詰めない。自然体でまるごと受けとめる」という記者会見をしたのも日本のマスコミにきっちり出ているわけであります。

こうした経緯があるわけでございますけれども、やはりここで大きな疑問が残るわけでございまして、そうした資料をもとにああいう決定をしたんですかという疑問はまだまだ残るわけであります。

官房長官、お尋ねいたしますけれども、そうした経緯があって河野長官のときにあの決定がなされたわけでありますけれども、そうすると、あの時代、軍や警察に身を置いて国のために身命を賭した方々の名誉というのは一体どうなるのかという問題も残るわけでございます。官房長官、御所感をお聞かせいただきたいと思います。

**梶山静六**　いわゆる従軍慰安婦問題に関する官房長官談話につきましては、当時政府として全力を挙げて誠実に調査した結果を全体的に取りまとめたものと認識をいたしておりますし、その判断をもととし、それを踏襲して現在に至っているわけであります。

委員の御指摘を伺いながら、またさまざまな報道や資料を改めて拝見いたしますと、この問題の難しさを改めて感ずるわけであります。

**小山**　最後に、総理に、この問題に対する御所感を伺って、終わりにいたします。

**橋本龍太郎**　私は慰安婦問題というものが女性の名誉と尊厳を傷つけるこの上ないものであるということについてはどなたも認識は同じだと思います。

その上で、私なりに申し上げさせていただきますならば、私どもは歴史の重みというものは常に背負っていかなければなりません。そして、その中でまた次の世代に伝えていくべき責任というものもあると思います。

問題は、例えば、いくつの頃にどの程度まで知ってもらえばよいのか、またその国の歴史として知っておいてもらわなければならないことはどうなのか、今そのような思いを、議員の御質問をまた政府側の答弁を聞きながら感じておりました。

この日の質疑は大変緊張した雰囲気で進んだ。特に、傍点を付したやりとりは、「河野談話が強制を認めた根拠は、公開されていない、裏づけ調査もしていない、慰安婦の証言集と聞き取り調査だけだった」という衝撃的事実を明らかにしたもので、傍聴席の私も耳をそばだてて聞いた。

答弁のない閣僚たち、たとえば小泉前首相（当時厚生大臣）も椅子から身を乗り出すようにして聞いていた。たぶん、初めて聞く重大情報だったはずだ。

もう一つ、私が驚いたのは、梶山官房長官と橋本総理の答弁だ。日本の名誉を大いに傷つけている河野談話の根拠があまりにいい加減だとわかったあとだが、談話を見直すこと、河野氏ら関係者から事情を聞くことなど、当然なされるべきことに一切言及せず、「いわゆる従軍慰安婦問題に関する官房長官談話につきましては、当時政府として全力を挙げて誠実に調査した結果を全体的に取りまとめたものと認識をいたしておりますし、その判断をもととし、それを踏襲して現在に至っている」（梶山）、「慰安婦問題というものが女性の名誉と尊厳を傷つけるこの上ないもの」（橋本）と役人の書いた、あたりさわりのない作文を読むだけだったことだ。

ただ、梶山官房長官が、「委員の御指摘を伺いながら、またさまざまな報道や資料を改めて拝見いたしますと、この問題の難しさを改めて感ずるわけであります」と述べたときに、その表情などから、本音は複雑なのだという思いが伝わってきた。梶山長官は、慰安婦問題を論じる際には公娼制度が認められていた時代背景も考えるべきという趣旨の発言をし、韓国から激しい抗議を受けていた。

次の日の新聞を見て驚いたのだが、国会で、「裏取りもせず、非公開のものだけで強制連行を認めた」という政府の答弁があり、本来なら重大ニュースであるにもかかわらず、このやりとりを産経新聞以外どこも取り上げなかったのである。

普通の感覚であれば、この答弁を聞いて、まず河野談話を取り消すべきではないかとか、河野前官房長官を呼んで、国会で公聴会をやるべきだ、というようなことを記事に書いてもおかしくないのだが、何も書かなかったのである。

政府が相当踏み込んだ答弁をしたのに、それを聞いていた橋本総理が、「女性の人権」のことしか言わなかったというのもおかしなことだった。本来なら、河野談話は問題だとか、強制連行はなかったということを前提とすべきだとか、強制連行があったと思われていることが問題だとか、言うべきであったろう。

それなのに、誰も、なにも言えなかったのである。ここは日本の国会なのに、外交的な力が影響を及ぼし、みな金縛りになっているようだった。いったい日本に言論の自由はあるのかと叫びたくなる思いだった。そして日本のメディアも、重大な答弁があったのに、なかったことにしてしまっている。

これは、拉致事件とそっくり同じ構図だった。事実、一九八八年に梶山静六氏が国家公安委員長として答弁に立ち、蓮池夫妻、地村夫妻、市川・増元の三件六人アベック失踪などについて、「北朝鮮による拉致の可能性が十分濃厚である」とする歴史的答弁を行ったときにも、産経と日経がベタ記事で報じただけで、朝日も読売も毎日もまったく記事にせず無視したのである。

## 教科書問題と同じ構造の内政干渉

国内の論争で不利になった日本国内の反日勢力は、海外に慰安婦強制連行説を広めて、そこから改めて日本を攻撃するということをやってきた。

つまり、日本の中で、閣僚やそれと並ぶ人物が慰安婦問題で発言すると、すぐに大きく報道されて、韓国政府などが抗議するというパターンができあがっていく。

また、韓国にいる日本の特派員が、日本の政治家がこう言っているが、どう思いますかとインタビューをする。

それに関して、日本の政治家が反論しようとすると、日韓の首脳会談が予定されていたけどできなくなるといったことで、発言を控えるとか取り消すということが起きる。

その結果、歴史問題について、日本の国会なのに、日本のことを主体として議論ができなくなってしまった。これを言ったら、韓国が怒るとか、中国が怒るとかいうと、議論さえできないことになってしまったのである。

これは一九八二年の第一次教科書問題のときにできあがった構造で、〝歴史自虐〟勢力は、実は韓国や中国からの批判を自分たちの味方につけて、事実と違う自虐的な記述をどんどん増やしていったということがあるのだが、同じ構造がまだある。

「新しい歴史教科書をつくる会」が作成した、自虐史観を排した、新しい歴史教科書の採択にあたっても、日本の教科書、日本人が使う教科書について韓国政府が外交的に「この教科書を使うな」とか言ったり、韓国国籍を持っている在日韓国人組織である「民団」の人たちが、日本の教育委員会に押しかけてきて「使うな」とか言ったりした。韓国人に使わせると言っているわけではないのに、日本の歴史教育に外国人が公然と干渉してくる。

日本の教科書の内容は日本人が決める問題であって、外国人がそれに干渉するというのは、内政干渉の極みである。

歴史教育は、国民教育の基本であるにもかかわらず、国会でも自由に議論できないという状況がつくりだされてしまったのである。こういう状況を意図的につくりだそうと日本の「反日」日本人らは動いたのだが、こうした問題の始まりはすでに述べたように、「反日」日本人らが韓国へ行って、慰安婦などの原告を募集したところから始まっているのである。

吉田清治が、最初に本を書いた直後、韓国に来て、韓国のテレビで謝罪するという番組をつくった。私はちょうどそのときソウルに住んでいたので、その番組を自宅で見た。八三年十二月のある日のことだったのだが、そのときに、吉田が最後深々と頭を下げて謝り、番組が終わった。

そのあと私は街に出て、行きつけの食堂に行くと、いつも話をしている女子従業員たちがテレビを見たかと言う。私が見たと言うと、女の子たちはまじめな顔をして、

「吉田さんは日本に帰って大丈夫ですか」と言う。

私が「なんでですか」と聞くと、

「あの人は、韓国まで来て謝ってくれたのだからいい人なのだと思う。しかし、外国まで来て、自分の国の悪口を言って大丈夫なんですか」

と言うのだ。これが韓国の普通の人たちの感覚であることがわかった。

日本の「反日」日本人が火をつける前は、韓国には韓国人の常識があって、どの国でも、それぞれ自国のことをよく言うはずだ、どこの国にも愛国心というのがあるはずだ、日本人も愛国心は持っているはずだから、たとえ事実だとしても、外国に来て、自国の悪口を言ったら、日本に帰って袋叩きにあうのではないかと心配してくれていたのである。

だから、韓国人が日本に行ってまで裁判をするというのは、韓国人の感覚からすれば、日本の裁判所がそんなことを受け入れるはずがないし、日本のマスコミがそんなことを書き立てるはずもないというのが、一般的な感覚だったのだ。

実際、どの国でも自虐的な人たちというのはいるが、それは少数で、日本のようにたくさんいることがおかしいのである。

こういう点で慰安婦問題はあくまでも韓国の人たちから始まった話ではなくて、韓国に火をつけようとした日本人がいて始まったものなのである。

# 第2部

# 誰が慰安婦問題をつくりあげたのか

# 第5章 世界に広がる「性奴隷」のイメージ

## 自虐的・文化破壊的な新左翼

世界的に見て左翼の一派には、自国を非難する人がいる。ドイツのフランクフルト大学を拠点としたフランクフルト学派という新左翼の学生のグループがあるが、これは新しい革命理論を打ち出している。彼らは言う。

「すでに、労働者階級が団結して資本家を倒すという時代ではない。今は高度な段階に入った資本主義の中、情報時代を迎え、文化から崩していかなくてはいけない。だからインテリや学生が革命の主流だ」というわけである。そして、その国の基本的な価値観を崩し、混乱を起こして、それに乗じて革命を起こすというのが彼らの革命理論だった。

この考え方が、一九六〇年代の世界中のスチューデントパワーの中で広がる。

ただし、この考え方は西側にだけ広まった。当時、東側の諸国は、自国の歴史が正しいと思っていたわけだから、東の古い共産党と、西に広まった新左翼的な自虐的なものとが連携しながら、ベトナムの反戦運動などが起きた。イギリスなどでも、やはり自虐派が強くなり、イギリスの教科書でも、インドでイギリスが搾取していたという記述が大々的に教科書に入っていく。

日本でも、一九七〇年代初め、過激派セクトが三菱など丸の内の大企業に対して、爆弾を仕掛ける。「戦中に朝鮮人を強制連行した」ことなどがテロの理由だった。

こういう大きな流れが世界中に広まっていき、フェミニズム運動とか、ときには過激な環境運動とかのグループとなり、そこにたくさんの若い人が入っていっている。こういう人たちは、彼らは古典的なマルクス主義ではないから、ソ連が崩壊しても、前世代の左翼のようにショックを受けなかった。

彼らは共産党員ではない。こういう人たちを、ベトナム共産党がうまく利用した。彼らは世界の中の、そういう新左翼をうまく利用して、アメリカの中に反戦運動を巻き起こし、これで勝利を得る。

ソ連崩壊後、今、中国共産党は世界的な覇権をめざして、このような文化破壊的な新左翼の運動を利用し、歴史において日本がまだちゃんと謝罪してないということなどを持ち出し、日本叩きをやり続けている。

われわれとしては、こういう大きな枠の中で慰安婦問題への対応を考えていかなくてはならないと思う。

## 元朝日新聞記者・松井やより氏の行動

一方で彼らは、慰安婦問題で北朝鮮との連携をとりはじめる。

二〇〇〇年の六月、南北首脳会談で金大中が北朝鮮に行ったときに、金大中夫人が北朝鮮の女性活動家と会い、そこで慰安婦問題を南北共同で取り上げようという話をする。

このような中で、平壌で南北の慰安婦問題の活動家のネットワークができ、さらにオランダ人や中国人も含めて慰安婦になった人たちのネットワークがつくられる。そして日本でもアジア女性基金に反対するもうちょっと左のグループが、「バウネット・ジャパン」という組織をつくる。

これをオーガナイズしたのが、松井やより氏という元朝日新聞の記者で、この人は新左翼的な思想の持ち主だった。高木健一氏らは、アジア女性基金でお金を配ろうとしたほうだったが、彼女は、それよりもうちょっと左で、慰安婦のことも含めて、日本の戦争中の行為を断罪することに血道をあげる。

日本の犯罪行為なるものを挙げて、それがすべて天皇の責任だと言い、天皇を有罪にする国際法廷なるものを開く。「女性国際戦犯法廷」と彼らは呼んでいるが、法廷といっても、弁護側が誰もいないのだから、法廷ではなくて、革命のときに行われる人民裁判と同じものなのである。それは彼らが権力をとったときに、おそらくやるであろうと予測されるようなもので、人権というのを認めない独裁政治そのものである。

もう亡くなった人間に対して、それも裁判と言いながら、「被告」の実名を挙げて弁護士もつけずに、一方的に糾弾だけをやる。彼らにまったく人権感覚がないことの証左だと思うが、こういうことを国際ネットワークをつくって日本でやり、しかも、それをあろうことかＮＨＫが番組「問われる戦時性暴力」において、松井らの「女性国際戦犯法廷」をそのまま放送することになっていた。

そんなことが起こっていることを放送の直前になってやっとＮＨＫの幹部が気づき、若干修正を加えて放送した。これは九二年以降の論争の中身にまったく反した番組だった。ＮＨＫとしては、論争の結果、事実関係がどこまでわかったのかを踏まえて番組をつくらなければ、不偏不党とはいえない。

ところが、もろに偏向しているプロパガンダのような番組がつくられていた。ぎりぎりのところで、自浄作用が働き、若干修正がなされたわけだが、それに対して朝日新聞が政治家の圧力で番組内容が変更されたかのように報道した。

そのため今では政治家が番組に圧力をかけたという問題になっているが、それよりも問題の本質は、ひどく偏向し、事実にも反する、このような主張をＮＨＫが一方的に流していいのか、ということなのである。そちらのほうが、はるかに重大な問題なのだ。

### 慰安婦問題を国連に持ち込んだ日本人弁護士

日本の左派は、日韓だけではなくて国連を狙った。国連も、安全保障理事会にはアメリカも入っていて、そんなでたらめな議論にならないし、でたらめな議論なら拒否権を発動ということにもなるのだが、それ以外の国連の機関というのは、実はかなり歪んでいる。いわゆる左派的な考えを持っているような職員がたくさん入っているのだ。

国連人権委員会に初めて慰安婦問題が持ち込まれたのは、一九九二年二月である。実は、持ち込んだのは日本人だった。戸塚悦郎弁護士が二月二十五日、人権委員会で慰安婦問題を国連が取り上げるように要請したのだ。韓国の運動団体などがその頃、国連に要請書や資料を送っていたが、戸塚は人権委員会の協議に参加できる資格を持つＮＧＯ「国際教育開発（ＩＥＤ）」代表の資格を持っていたため委員会で発言できたのだ。これが、国連での初めての慰安婦問題提起だった。

このとき、戸塚は、慰安婦を「性奴隷」だとして、日本政府を攻撃した。米議会慰安婦決議案に出てくる「慰安婦イコール性奴隷」という奇抜な主張が初めて国際社会に出たのがこのときだ。

国際社会に慰安婦問題を訴えるためには、貧困による身売りへの同情を求めるわけにはいかない。戦前の国際法の枠組みの中でも、日本が犯した、許せない悪業だと言わなければならない。戸塚はそのときの自分の思いをミニコミ誌「戦争と性」第25号（二〇〇六年五月）でこう回想している。

それまで「従軍慰安婦」問題に関する国際法上の検討がなされていなかったため、これを法的にどのように評価するか新たに検討せざるをえなかった。結局、筆者（戸塚のこと・西岡補）は日本帝国主義の「性奴隷」（sex slaves）と規定した。たぶんに直感的な評価だったが、被害者側の告発が筆者の問題意識にもパラダイムの転換を起こしていたのかもしれない。

この戸塚の「直感」から生まれた「性奴隷」論は、当然、当初は国連でも相手にされなかった。ただし、国連人権委員会は国家代表以外に、一定の条件を満たすNGOが討議に参加できた。この制度を利用して、戸塚らは韓国の運動団体などとともに毎年、人権委員会、その下にある「差別防止少数者保護小委員会」(通称・人権小委員会)、そして人権小委員会の下で活動する「現代奴隷制作業部会」に執拗に働きかけた。

国連の人権関係者にすれば、日本人が会議のたびにわざわざでかけてきて、自国の政府を糾弾するのであるから、慰安婦問題はとんでもなくひどい蛮行だと思うようになったのだろう。

### クマラスワミ報告書のあきれた内容

一九九四年、戸塚の最初の提起から二年がたって、国連の人権委員会は「女性に対する暴力に関する特別報告官」としてスリランカのラディカ・クマラスワミ女史を任命した。クマラスワミ女史は九五年七月に、日本、韓国、北朝鮮で実地調査を進めた。翌九六年四月、人権委員会は、彼女が提出した「戦時の軍事的性奴隷制問題に関する報告書」を採択した。

その内容は驚くほどでたらめで、根拠薄弱な決めつけに満ちている。概要を紹介しよう(外務省人権難民課の仮訳を一部補正した)。

報告書は、次のような構成となっている。

序
第一章　定義
第二章　歴史的背景
第三章　特別報告者の作業及び活動
第四章　証言
第五章　朝鮮民主主義人民共和国の立場
第六章　大韓民国の立場
第七章　日本政府の立場：法的責任
第八章　日本政府の立場：道義的責任
第九章　勧告

まず、「第一章　定義」で慰安婦は「性奴隷」であるという、報告書の基本的立場が示される。戸塚が二年前に直感的に言い出した「性奴隷」説が、ここで国連の公的文書として採択されたのだ。

特別報告者は、本件報告の冒頭において、戦時下に軍隊の使用のために性的奉仕を行うことを強制された女性の事例を、軍隊性奴隷制（military sexual slavery）の慣行であると考えることを明確にしたい。（略）

特別報告者は、「慰安婦」という語句が、女性被害者が戦時下に耐えなければならなかった、強制的売春ならびに性的服従および虐待のような、毎日行われる複数の強姦および過酷な肉体虐待の苦痛を、少しも反映していないとの、現代的形態の奴隷に関する作業部会委員ならびに非政府機関代表および学者の意見に全面的に賛同する。したがって、特別報告者は、「軍隊性奴隷」という語句の方がより正確かつ適切な用語であると確信を持って考える。

このような立場から報告は第九章で、日本政府に次の六項目を勧告している。

① 第二次世界大戦中に日本帝国陸軍により開設された慰安所制度は国際法違反であることを認め、法的責任を受け入れるべきである。
② 軍隊性奴隷制の被害者個人に補償を支払うべきである。
③ すべての関連資料を公開すべきである。

④　女性被害者に書面で公式に謝罪を行うべきである。
⑤　歴史的事実を教育課程に反映させ、問題理解を向上させるべきである。
⑥　慰安婦募集および慰安所開設に関与した者を特定し処罰すべきである。

なぜ、日本は国連からここまでひどい勧告を受けなければならないのか。それは、報告が慰安婦を、貧困を原因とする人身売買の被害者と見ず、権力による強制連行の犠牲者だと決めつけていることから出ている。戸塚らが懸命にそのような認識を国連人権委員会で吹聴して回った結果だろう。その認識に立つからこそ、報告書は、慰安婦制度を第二次世界大戦当時の国際法に違反する不正行為と見るのだ。

そしてその根拠は、実は、日本国内の論争ですでに慰安婦強制連行の根拠としての信憑性を完全に失っていた、挺身隊制度による慰安婦募集説と吉田清治証言なのだ。報告書の慰安婦募集に関するくだりを引用する。

三通り募集方法が確認されている。一つはすでに売春業に従事していた婦人や少女たちがみずから望んで来たもの。二つめは軍の食堂料理人あるいは清掃人など高収入の仕事を提供するといって誘い出す方法。最後は日本が占領していた国で奴隷狩りのような大規模で強制・暴力的連行を行うことだ（註7 G. Hicks, *"Comfort women, sex slaves of the Japanese Imperial Force"*, Heinemann Asia, Singapore, 1995）

より多くの女性を求めるために、軍部のために働いていた民間業者は、日本に協力していた朝鮮警察といっしょに村にやってきて高収入の仕事を餌に少女たちを騙した。あるいは一九四二年に先立つ数年間には、朝鮮警察が「女子挺身隊」募集のために村にやってきた。このことは、募集が日本当局に認められたもので、公的意味合いを持つことを意味し、また一定程度の強制性があったことを示している。もし「挺身隊」として推薦された少女が参加を拒否した場合、憲兵隊もしくは軍警察が彼女らを調査した。実際、「女子挺身隊」によって日本軍部は、このようにウソの口実で田舎の少女たちに「戦争に貢献する」ように圧力をかけるのに地方の朝鮮人業者および警察を有効に利用できた。

（註8：前同　その他慰安婦本人の証言）

さらに多くの女性が必要とされる場合に、日本軍は暴力、露骨な強制、そして娘を守ろうとする家族の殺りくを含む人狩りという手段に訴えた。これらの方法は、一九三八年に成立したが一九四二年以降にのみ朝鮮人の強制徴用に用いられた国家総動員法の強化により容易となった（註9：前同）。元軍隊性奴隷の証言は、募集の過程で広範に暴力および強制的手段が使われたことを語っている。さらに、吉田清治は戦時中の経験を記録した彼の手記の中で、国家総動員法の労務報国会の下で千人におよぶ女性を慰安婦とするために行われた人狩り、とりわけ朝鮮人に対するものに参加したことを認めた。

（註10：吉田清治『私の戦争犯罪　朝鮮人強制連行』東京、一九八三年）

---

ヒックス『慰安婦』のお粗末さ

この報告は一九九六年に発表されたものだから、時期的に言えば、本書で詳しく経過を追ってきた日本における論争の成果を十分活用できたはずだ。クマラスワミ女史は秦郁彦、吉見義明の二人の学者から研究成果を聞いている。しかし、秦教授によると、米陸軍が捕虜とした二〇人の朝鮮人慰安婦と業者を尋問した記録などを示して、慰安婦は日本軍とは雇用関係がなく業者に雇われていたと説明したにもかかわらず、報告書では、「秦博士は『大多数の慰安婦は日本陸軍と契約を交わしており……』と話した」とまったく反対に書かれてしまい、外務省を通じて抗議したという。秦教授は、吉田清治についても詳しく根拠を挙げて、「職業的なうそつき」と指摘したのだが、クマラスワミ女史は報告書で吉田証言を事実と扱って議論を展開している。

先に引用した部分でも出てきたが、クマラスワミ女史は慰安婦問題の事実関係に関して、ジョージ・ヒックスの著書『慰安婦（コンフォート・ウーマン）』にほぼ全面的に依存している。報告書で事実関係を扱っている「第二章　歴史的背景」では十一の註が付けられているが、そのうちの十がヒックスの著書を、残り一が吉田清治の著書を典拠として挙げている。

となると、報告の信憑性はヒックスの著書の信憑性と直結する。そこで、改めてヒックスの著書の邦訳（三一書房刊）を通読してみたが、おそまつなものだった。

香港在住のオーストラリア人経済学者ヒックスは日本語、韓国語とも読むことができない。つまり一次資料や研究論文の大部分を読めないのだ。それで、ある在日朝鮮人女性に資料の八割を提供してもらったという。

たとえばヒックスは、吉田清治証言を事実としてそのまま引用しているが、「済州新聞」の吉田批判記事についてはその存在すら知らないのだから話にならない。

在日朝鮮人著述家の金一勉の本からの引用が多数ある。しかし、金氏が著書に断定調で書いているさまざまな事実関係は立証されていないうわさ話のたぐいが大部分で、日本の専門家たちは、金一勉氏の主張を相手にしていない。

ヒックスは日本における慰安婦問題研究の成果をまったく勉強せず、提供されたうわさ話のたぐいを英訳して無批判につなぎ合わせて著書を書いた。

クマラスワミ女史も日本語、韓国語ができない。女史が報告書を書いた時期、慰安婦問題に関する英文の資料はたいへん乏しかった。ヒックスの著書がほぼ唯一のまとまった英文資料だった。だからといって、国連の調査官が、日韓の専門家が激しく論争を繰り返している問題について英文の本一冊だけに依存してよいのか。

吉見教授でさえも「クマラスワミ報告には事実誤認がある」として、ヒックスの本と吉田の証言は削除したほうがよいと勧める手紙をクマラスワミ女史に出したという。

女史は、このようなずさんなやり方で権力による強制連行を一方的に事実と決めつけ、その上に立って慰安婦を「軍隊性奴隷」と定義して、日本政府に国際法違反認定、個人補償実施、関係者処罰までを堂々と勧告するのだから、あきれるしかない。「性奴隷」という結論が最初からあって、それに合致する資料を集めてでっちあげた報告と言ってもいい。

## 北朝鮮プロパガンダを鵜呑み

クマラスワミ報告でもう一つ、見逃すことができないのは、北朝鮮政府が積極的に彼女に情報提供していることだ。実は、九二年六月頃から、北朝鮮に住む元慰安婦が名乗りを上げだし、北朝鮮政府も日本に対して、韓国だけでなく北朝鮮の元慰安婦に謝罪と補償をせよと要求するようになった。訪朝したクマラスワミ女史に対して北朝鮮政府は、「日本は、二〇万人の朝鮮人女性を軍隊性奴隷として強制的に徴集し、過酷な性的迫害を加え、その後そのほとんどを殺害した」。これは「人道に対する罪」「ジェノサイド条約二条の集団殺害」にあたると非難し、それが、報告書にも北朝鮮政府の立場として記述されている。「日本が二〇万人の慰安婦のほとんどを殺害した」などまったくのデマだが、それが国連の公的文書に書き込まれてしまうのだから深刻だ。北朝鮮にとっては歴史研究も外交も、すべて事実より政治宣伝が優先する。クマラスワミ報告には次のような荒唐無稽な北朝鮮の元慰安婦の証言がそのまま記載されている。

---

チョン・オクスン氏（七四）の証言

私が一三歳のとき……村の井戸で一人の日本の駐留兵に連行された。トラックで警察署に連れて行かれ、そこで数名の警察官に強姦された。……警察署長が泣き叫ぶ私の左目を殴り失明させた。

……日本軍駐留兵舎で毎日、四〇人に対して性的奴隷として犯された。約四〇〇人の若い朝鮮女性がいた。……いっしょにいた朝鮮人少女が、なぜ一日に四〇人も相手をしなければならないかと尋ねたら、山本中隊長がリンチを命じた。みなが見ている中、衣服をはぎ、手足を縛り、釘の出ている板の上に転がし、……最後に首を切り落とした。

……「こいつら朝鮮人女は空腹でわめいているから、この人肉をゆでて食べさせてやれ」と命じた。

……性病にかかった女性の陰部に熱い鉄の棒を突き刺した。

数名の朝鮮人少女を水と蛇でいっぱいになったプールに突き落とし、土を入れそのまま埋めた。

兵舎にいた四〇〇人の少女のうち半分以上は殺されたと思う。

……逃亡に失敗した後、拷問を受け、唇の内側、胸、腹、などに入れ墨をされた。


書き写すだけで気分が悪くなるが、クマラスワミ女史はこのチョン氏の証言を裏づけ調査など一切なしで無条件に信じている。女史は報告書で、「これが間違いなく彼女らの人生において最も屈辱的で苦しい時間を思い出すことになるにもかかわらず、勇気を持って証言をしてくれたすべての女性被害者に心から感謝したい」「これらの証言により、特別報告者はこのような軍隊性奴隷は日本帝国陸軍によりその指導者も承知のうえで組織的かつ強圧的に実行されたと信じるに至った」と記している。

そのうえ、もう一つ見逃すことのできない問題は、日本政府がクマラスワミ報告に対して、事実関係に踏み込んだ反論をまったくしていないことだ。

秦郁彦教授の著書『慰安婦と戦場の性』などによると、実は、一九九六年三月、クマラスワミ報告が人権委員会で採択されるかどうかの審議が行われたとき、外務省は四〇頁にわたる反論文書「日本政府の見解」を人権委員会に提出した。

反論文書では、報告が依拠しているヒックスや吉田の著作を「中立性が疑われる」などとはっきり否定していたらしい。ところが、突然、反論文書は撤回され、非公開となってしまう。そして、歴史事実に踏み込まない「いわゆる〝従軍慰安婦〟問題に関する日本政府の施策」と題する形式的な文書に差し替えられて提出された。

国連の特別報告官が「性奴隷」などというおどろおどろしい語句をわざわざ用いて、日本政府の姿勢を糾弾した。それなのに、日本政府は、内容にまで踏み込んだ反論文書を撤回し、河野談話で道義的責任を認めて謝り、アジア女性基金で被害者へのお詫びを示しているなどと縷々《るる》述べただけだ。

反論をしなければ認めたと見なされるのが国際社会なのだ。

北朝鮮はこの間、国連などの場で拉致問題での日本からの批判に対抗して「日本は戦前、二〇万人の朝鮮女性を性奴隷にした」などと言いつのっているが、それに対して外務省はいつも「数字が誇張されている。日本はすでに謝罪している」という二点でしか反論しない。

このやりとりを聞いた他国の外交官らは北朝鮮の主張は数字が誇張されているのなら話半分で一〇万人くらいの女性を戦前日本は性奴隷にしたのだろうと思っても不思議ではない。

## 米国議会にまで波及した〝性奴隷〟のウソ

実は、すでに二〇〇六年九月十三日、米国議会は慰安婦問題での日本非難決議を委員会レベルで採択していた。米議会下院の国際関係委員会（ヘンリー・ハイド委員長）が、「慰安婦問題」で日本政府を非難する決議案（下院決議案七五九）を上程し、満場一致で議決したのだ。

この決議案は、レイン・エバンス議員（民主党）とクリストファー・スミス議員（共和党）が共同提出したものだ。スミス議員は、国際関係委員長ヘンリー・ハイド議員（共和党）とともども、拉致問題に強い理解を示してきた保守派の代表格だ。〇五年、下院本会議が拉致問題で北朝鮮を非難する決議を採択したが、これはハイド委員長が強いリーダーシップを発揮した結果だった。〇六年四月、米下院「拉致」公聴会で横田早紀江さん、島田洋一氏らが証言を行った際の議長はスミス議員だった。

事態はかなり深刻だった。ところが、当時は産経新聞でさえも扱いは小さく他の日本マスコミは決議に関する報道すらしていなかった。

慰安婦関連決議案は〇一年と〇五年にも議会に提出されたが、日本大使館の働きかけなどで上程さえもされなかった。ところが〇六年九月に委員会議決が実現した背景について、朝鮮総連の新聞「朝鮮時報」は「四月以降、日本政府関係者らのロビー活動によって廃案の危機にあったものの、被害者のハルモニや支援者、在米同胞らの運動により関心が高まっていた。南のメディアでも数多く取り上げられ、日本政府が決議に従うよう求めてきた」と書いて、韓国内左派と北朝鮮との連携による対米ロビーが展開されたことを示唆した。

私は昨年（二〇〇六年）九月の段階で強い危機感を抱いた。このまま放置しておくと、慰安婦決議案が下院本会議で成立してしまう。ここで、日本政府が公式の反論をしなければ、この決議の事実認識を認めたことになってしまう。親日保守派を含む米議会関係者はそのように考えるだろう。日米同盟を弱める策謀が成功しつつあると考えた私は、産経新聞（二〇〇六年九月二十九日付け）「正論」欄・記名コラムで、次のような日本政府が出すべき反論試案を提案した。

「自由、民主主義、人権、法の支配」という人類普遍的な価値観を信奉し、それを世界に広げることを決意している米議会の友人に心からの挨拶を送ります。

この度、貴議会下院国際関係委員会が「慰安婦問題で日本政府を非難する決議案（下院決議案七五九）」を議決されたという知らせに接し、貴国の同盟国であり同じ普遍的価値観を信奉する日本政府と国民は強い衝撃を受けています。

なぜなら、決議案に示された日本政府への非難は、まったく事実無根の「反日宣伝」にもとづくものだからです。

明確にお伝えしますが、決議案が冒頭で書いた「日本政府が、一九三〇年代から第二次世界大戦までアジアと太平洋諸島を植民地支配した期間、世界が『慰安婦』として知るようになる、若い女性を性奴隷とした」という事実は存在しません。一九九〇年代以降、この点については日本国内で激しい論争が起き、韓国との間でも外交問題となり、政府も過去の公文書などを網羅的に調査しましたし、民間の学者らの調査研究も進みました。その結果、「日本政府が慰安婦を強制連行した」という事実はまったく確認されていません。

一九九三年に日本政府が発表した談話（いわゆる「河野官房長官談話」）で「本人たちの意思に反して集められた事例…（に）官憲等が直接これに加担したこともあったことが

明らかになった」とされている部分は、インドネシア・ジャワ島での出先の数人の軍人による戦争犯罪行為です。彼らは軍本部の許可なく約一か月オランダ人捕虜女性を同意なく売春婦として働かせ、連合国により軍人五人、民間人四人が戦争犯罪人として裁かれ、死刑、懲役刑などに処されました。

談話は、民族の自決と尊厳を認めない帝国主義時代に多くの女性たちが戦地での日本軍人を相手とする売春業に従事せざるを得ず苦痛を受けたことに対して遺憾の意と道義的責任を認めたものです。

日本政府は、日本が朝鮮を植民地支配し朝鮮人に苦しみを与えたことに関して「遺憾であり二度と繰り返さない」と認識し、慰安婦として苦しみを受けた方々への「お詫びと反省の気持ち」を表明してきました。これにはいささかも変化がありません。

北朝鮮の金正日テロ政権が自分たちの行った民間人拉致の責任から逃れるために、国連などで「戦前日本政府は二〇万人の朝鮮女性を強制連行して性奴隷とした」という政治宣伝を精力的に展開している中で、貴議会委員会が、北朝鮮の政治宣伝とほぼ同じ事実認識に立つ決議を議決したことは、大きな衝撃であり、日米同盟を弱めようとするテロ勢力を結果として喜ばせるものです。

どうか、日米同盟の絆を強め、世界の自由と民主主義を信奉する国民の連携を強化するため、貴議会におかれましては日本政府から公式に事情聴取をするなど日本における調査、研究の成果を参照する手続をぜひ取っていただきたいと考えます。それが実現するまでは、決議案の本会議での審議を保留してくださいますよう強く要請するものです。

結局、その後中間選挙があって、新しい議会になったので、委員会を通過した決議案は本会議にはかけられなかったのだが、二〇〇七年一月にまたマイク・ホンダ議員が、新たな決議案を出して今に至っている。

実は、米議会下院が審議しているこの問題の慰安婦決議案は、クマラスワミ報告を大きな根拠としている。

ホンダ議員が提出した決議案の主要部分にはこう書かれている（訳文は藤岡信勝氏によるもの）。

米国下院に提出された慰安婦問題で日本政府に謝罪を求める決議案１２１号

日本政府に次の措置を求めることが下院の意見であることを決議する。

（１）日本政府は、一九三〇年代から第二次世界大戦中まで、アジアと太平洋諸島の植民地支配と戦時占領の期間に、日本帝国の軍部隊が、「慰安婦」として世界に知られているところの性奴隷制を若い女性に強要したことについて、明瞭かつ曖昧さのない仕方で公式に認め、謝罪し、歴史的責任を受け入れるべきである。

（2）日本政府は、日本国首相の公的な資格でなされる声明として公式の謝罪を行うべきである。

（3）日本政府は、日本帝国軍隊のための「慰安婦」の性的奴隷状態と人身売買はなかったというういかなる主張に対しても、明瞭かつ公然と反論すべきである。

（4）日本政府は、「慰安婦」に関わる国際社会の勧告に従い、現在と未来の世代にこの恐るべき犯罪について教育すべきである。

この日本政府への要求（1）にある「性奴隷制」という語句はクマラスワミ報告が「正確で適切な用語」として使ったsexual slaveryという語句そのままだ。要求（4）でいわれている〈「慰安婦」に関わる国際社会の勧告〉には当然、クマラスワミ報告が含まれるはずだ。

このように見ていくならば、決議が〈慰安婦は「性奴隷」である〉というクマラスワミ報告書の基本的立場を継承していることがわかる。

クマラスワミ報告が性奴隷制という語句を使って吉田清治証言、挺身隊制度での連行、北朝鮮慰安婦チョン・オクスン証言などをすべて事実として認定していた。となれば、要求（1）にある〈性奴隷制を若い女性に強要したこと〉という表現も、同じ事実認識を背景にしていると考えるべきなのだ。

一九九二年に日本人弁護士が国連で提起した慰安婦＝性奴隷説がついに、米議会の共通認識とされようとしている。ホンダ決議案は慰安婦制度について次のような事実認識を書いている。

---

日本政府により強制された軍事売春である「慰安婦」制度は、その残酷さと規模の大きさにおいて前例のないものとみられるが、それは集団レイプ、強制堕胎、性的恥辱、性暴力を含み、結果として身体障害、死亡、最終的な自殺にまで追い込んだ。

---

また、同決議を審議している下院外交委員会のアジア太平洋小委員会は二〇〇七年二月十五日、韓国とオランダの元慰安婦や運動家らを呼んで慰安婦問題に関する公聴会を開いたが、その席で、決議を提案している議員から次のような発言があった（産経新聞二〇〇七年三月四日・古森義久記事より引用）。

この決議案は日本帝国の軍隊によるセックス奴隷、つまり強制的売春の責任をいま日本政府が公式に認めて謝り、歴史的責任を受け入れることを求めている。日本の軍隊が五万〜二〇万人の女性を韓国、中国、台湾、フィリピン、インドネシアから強制的に徴用し、将兵にセックスを提供させたことは歴史的な記録となっている。米国も人権侵害は犯してきたが、日本のように軍の政策として強制的に若い女性たちを性の奴隷にしたことはない（同公聴会の議長役となった同小委員長の民主党エニ・ファレオマバエンガ代議員＝米領サモア選出で本会議での投票権はない）。

日本の国会は戦争での個人の損害賠償は講和条約の締結で解決ずみという立場をとるが、他の諸国はそうは考えない。若い女性の多くは日本軍により自宅から拉致され、売春宿に連行された。一九九三年には河野洋平氏による談話が出たが、日本政府の誠意ある謝罪ではなく、人為的で不誠実な意思表示に過ぎなかった。二〇年ほど前に日本の文部省は検定教科書のなかの慰安婦の悲劇を削除、あるいは削減してしまった（同決議案の提案者の民主党マイク・ホンダ下院議員）。

ホンダ議員らは「慰安婦はすべて日本軍に直接に強制徴用された性奴隷だった」と思い

込んでいるのだ。二〇〇六年四月、米議会調査局は「日本軍の慰安婦」と題する報告書を出している。ホンダ議員はこの報告書を参考にしている。なんとその冒頭には、吉田清治の慰安婦狩り証言が引用されている（二〇〇七年四月、安倍総理のホンダ決議案への反論後に、新たに提出された議会調査局の第二報告書では、吉田証言は落ちている。反論すれば、彼らは調べるのだ。しかし、第二報告書が出る前に作成されたホンダ決議案の文章はまったく修正されていない）。クマラスワミ報告が吉田証言や荒唐無稽な北朝鮮元慰安婦証言を根拠につくりだした「性奴隷」説が、日本政府が内容に踏み込んだ反論をしてこなかったため、とうとう同盟国米議会で公式に論議され、その認識にもとづき日本政府に公式謝罪を求める決議が採択される可能性が高まっている。

第6章

# 日本非難が始まる！

## 異常なまでの反安倍キャンペーン

私は、昨年二〇〇六年九月に発表した米議会への反論で、「日本における調査、研究の成果を参照する手続をぜひ取っていただきたい」と提案していたが、〇七年二月十五日の公聴会は慰安婦の権力による強制連行があったという立場の関係者だけが呼ばれ、偏ったものだった。

本来なら、日本大使館幹部が出て、ホンダ議員らの事実関係認識や、そのもとになっている二〇〇六年の米議会調査局報告書、クマラスワミ報告などがいかに歪曲しているかをきちんと説明すべきだった。それができないなら、たとえば私のような民間専門家を呼ぶように議会に働きかけることはできたはずだ。ところが、呼ばれたのは〝性奴隷派〟だけだった。

繰り返すが、国際社会では、反論しなければ認めたことになるのだ。どこの軍隊でも、軍人たちに対する性の処理施設みたいなものがあったわけで、ないところでは強姦が行われた。満州や北朝鮮におけるソ連兵のいたるところでの強姦はよく知られているが、米軍も日本進駐直後には強姦事件を起こしたし、慰安施設をつくるよう日本政府に要求し、実際そういう施設がつくられた。

最近ではベトナム戦争のときに、ほかならぬ韓国軍もそういうものをつくった。同じようなことが日本軍でもあったのだとすれば、なぜ日本だけが非難決議されなくてはいけないのかという声が日本社会で広まり、反米感情を刺激している。

それに対して安倍総理が〇七年三月五日、決議は事実認識が間違っている。決議が採択されても自分は謝らないと次のように国会で答弁した。

**小川敏夫・民主党議員**　河野談話への考えは。

**安倍晋三首相**　基本的に継承していく。

**小川**　最近、慰安婦の募集で「強制性」はなかったと発言した。

**首相**　狭義の意味での強制性を裏づける証言はなかった。官憲が家に押し入って人さらいのごとく連れて行くという強制性はなかった。
小川　米下院で元慰安婦が強制があったと証言している。
**首相**　「慰安婦狩り」のような官憲による強制的連行があったと証明する証言はない。間に入った業者が事実上強制をしていたケースもあったという意味で、広義の解釈での強制性があった。米下院の決議案は事実誤認がある。
小川　事実誤認だから米下院が悪く、日本は一切謝罪せず、決議案を無視していいのか。
**首相**　決議が採択されたからといってわれわれが謝罪することはない。決議案は客観的事実に基づいていないし、日本政府のこれまでの対応も踏まえていない。

（産経新聞二〇〇七年三月六日）

それに対して米国のマスコミがいっせいに安倍は軍国主義を美化している歴史修正主義者だとして非難した。

実は、安倍晋三氏は、前にも述べたように、歴史教育を考える会の事務局長として、慰安婦の強制連行があったのか、なかったのかということを、その会に関係者を呼んでずっとヒアリングをやったのである。私も吉見氏も藤岡氏も、さらに河野洋平氏も元官房副長官の石原信雄氏も呼ばれて、そこで安倍晋三氏は、権力による強制連行はなかったことをしっかりと認識したはずだ。国会でも、そういう立場から、河野談話を見直すべきだという質問をしていた人である。

これと併行して、拉致問題でも同じように、拉致があったのか、なかったのかという論争があったのだが、安倍晋三氏はあるという立場で、北朝鮮に圧力をかけると言ってきて、実際に北朝鮮が拉致を認めて、五人が帰ってくるということがあった。その結果、安倍政権の誕生になった。慰安婦問題で日本を糾弾しようとしている勢力からすると、闇を突き破ろうとしている勢力が政権を握ったことで相当に危機感を感じているようである。特に朝日新聞などは必死だ。そこで、安倍の歴史観は問題だと言ってきた。

特に総裁選挙の頃から、朝日新聞は加藤紘一氏などを持ち上げ、安倍批判を繰り返した。曰く、安倍の歴史観では日米関係も悪くなる、安倍は東京裁判を否定している、靖国参拝は、東京裁判の否定になって、アメリカもそれを憂慮している、そして、戦前の日本を肯定することで、中国との関係だけでなくアメリカとの関係さえも危うくするような歴史観を、安倍は持っている、さらに、靖国神社の遊就館の展示についてもアメリカもおかしいと思っている……。朝日新聞がこうした安倍批判をしきりに書き立てた。

そんな中、総理就任直後から、河野談話をどう見るのかという質問攻勢があり、これに対して安倍総理は河野談話を継承すると言い、広義の強制はあったけれども、しかし、狭義の強制は証明されていない、と言ったのである。

## アメリカ保守派に「慰安婦＝性奴隷説」が浸透

すると、アメリカの新聞が一斉に、安倍は今までの日本の総理とは違って、河野談話で日本が謝ったのに、それを覆そうとしていると書き立てた。

拉致問題では、自国民の人権を言いながら、日本の過去、すさまじい人権侵害をしたことについては目をつぶろうとしている、という声が上がった。つまり、安倍総理がやろうとしていることは、普遍的な人権には当たらないのだ、ネオナチのような、歴史修正主義者なのだというわけである。安倍とアメリカとは価値観が一致しない、といった方向のキャンペーンで、これは、軽視してはならないことだと思う。

特に深刻なのは、島田洋一（福井県立大学教授）が二、三年前からずっと警告しているように、アメリカの保守派までもが、歴史問題についてたいへん誤解していることだ。セックススレイブがあったと思っている。拉致問題ではたいへん積極的に日本の運動を助けてくれているアメリカの保守派の人たちが、歴史問題になると、慰安婦の強制連行があったと信じているのだ。

保守派の一部の人たちの中には、こんなことを言う人さえいるという。

「広島・長崎の原爆投下について批判があるけれども、あれは正しかったのだ。なぜなら、あの瞬間にも慰安婦へのレイプは続いていたので、そのレイプを終わらせるために広島・長崎の原爆は有効だったのだ」

米国保守派が信頼する北朝鮮専門家が二〇〇四年に出した本の中にも、次のような「慰安婦強制連行・虐殺」論が書かれている。その本とは元・米陸軍グリーンベレーのゴードン・ククリュ氏が出した『誕生時点で引き離されて――いかにして北朝鮮は邪悪に育ったのか』である。島田洋一教授が「現代コリア」二〇〇五年九月号に紹介している問題部分を引用しておく。

まず、慰安婦は挺身隊（body donating corps＝肉体寄贈部隊）とも呼ばれ、日本兵たちは上官から、彼女らを出来る限り野蛮に非人間的に扱うよう命令され、友人関係あるいは恋愛関係に入ることは厳禁であった、としたうえで、次のように続けている（原著八九～九一頁）。

――――――

この行為を、一層忌まわしいものとするのは、日本側が意図的に、若い女性、というより一二歳から一六歳までの少女を、慰安婦として手に入れようとした事実である。日本側がこの年齢層を狙ったのは、厳格で、やや清教徒的な韓国社会では、この年の少女はまず間違いなく処女であり、したがって性病にかかっていないと知っていたためである。近代的医療と抗生物質以前の時代においては、多くの場合、疫病は戦傷以上に怖れられていた。そして、性病は、衰弱を、さらに致命的な結果をもたらした。したがって、女性を拉致するために送り出された日本の一隊は、できるだけ若く健康な女性を目指した。女性は、日本によって征服された実際上あらゆる国、地域から、移動式売春施設に送られたが、圧倒的に多数を占めたのは、韓国人であった。二〇万人近い韓国女性が拉致され慰安婦として送り出されたのではないかと思われる。

ほとんどの慰安婦が生きて終戦の日を迎えられなかった。非常に多くが虐待と兵士から移された病気によって死んだ。故郷に帰っても歓迎されないことを知悉し、機会を得て自殺した者もいる。これらの女性に帰るべき場所はなかった。まさに、道はそこで途絶えていた。多くの場合、撤退に当たり、日本軍は彼女らをその場で殺害した。いわば証拠を消したわけである。

悲しいことだが、予見しえたとおり、わずかに生き残った女性たちは、故郷に受け入れられなかった。彼女たちは、韓国の男たちが、社会における男の最も基本的かつ本質的な責務、すなわち女性を守るという責務を果たせなかったことを示す、生きた、目に見えるシンボルであった。責務を果たせなかった韓国の男たちは、日本に対し怒りの念を抱いたが、同時に理不尽にも、女性たち自身にも怒りの矛先を向けた。その結果、慰安婦にまつわるあらゆる問題は、おおむね、恥をさらされたくない韓国人と、強く事実を否定し、今もしつづける日本人によって、暗黙の内に無視されてきた。数名の生き残った女性たちが、六〇歳を過ぎ、苦痛をもはや封じ込めておけず、大きな、正当な、そして長く押さえられ過ぎてきた声を上げることによって、はじめて事がおおやけになった。

保守派の学者の中に、こういうことを書く人まで出てきた。もちろんアメリカの保守派の人たちもつきつめていくと、広島・長崎への原爆投下は本当によかったのだろうかという後ろめたさがあるのだが、日本の左翼が提供している慰安婦のセックススレイブ説というのは、それに免罪符を打つことになるから、ありがたい部分もあるというのである。島田教授はここまで来ているというのだ。

先に書いたように、二〇〇六年九月に下院外交委員会は慰安婦決議を通している。この委員会の委員長はハイド委員長、〇六年の選挙で引退した人だが、この人は保守派の重鎮で、北朝鮮に対してはたいへん批判的な人である。脱北者の問題とか、北朝鮮の人権問題に関心があって、拉致問題にもたいへん関心があり、〇六年四月に、横田めぐみさんのお母さんがアメリカの下院公聴会で証言したのは、このハイド委員長の尽力が大きかった。

「家族会」(北朝鮮による拉致被害者家族連絡会)、「救う会」(北朝鮮に拉致された日本人を救出するための全国協議会)が訪米すると、この人はいつも会ってくれた。下院の国際関係委員長というのは、世界中の国の外交問題を扱っているから、世界中から来た議員などが会いに行くのだが、普通の議員には絶対に会わない。外務大臣クラスの人としか会わない。そういう人が拉致家族が来たというと、年に二度ぐらい会ってくれていた。そして、実は〇五年七月十一日に下院で採択された「日本人・韓国人拉致非難決議」も、ハイド委員長が主提出者だった。

「家族会」の増元照明事務局長と「救う会」の島田洋一副会長らが〇五年四月に訪米し、いつもどおりハイド委員長に会いに行った。

「なにかやってもらいたいことはありませんか」と言われて、島田教授が「拉致問題をきちんと解決すべきだという議会決議をやってくれませんか」と言うと、

「わかった。ただし国務省には言うなよ。国務省はそういうのをいやがるからな」と言ってくれたのである。

ハイド議員の補佐官に、ハルピンさんという人がいるのだが、彼と島田教授が、帰って

からも連絡をとっていた。

横田めぐみさんは一三歳で拉致された。日本政府は拉致認定していないが、六〇年代に一三歳で拉致された寺越武志さんという少年がいる。それで一三歳の男女が拉致されていると書きたいのだけどどうだろうか、と言ってきた。日本が認定してないのをアメリカのほうが先に書こうというのだ。韓国からの拉致も書いて、それで決議案ができ、採択された。

われわれは、アメリカを味方にしなくてはいけないと思っていたので、まずは、アメリカの議員に事実を知ってもらおうと、拉致について英語で資料をつくり、〇一年から訪米を始めた。

最初は議員本人には会えないので、補佐官に会ったり、議会調査局に行って、議員が読む資料をつくる人たちにまず英語の資料を渡すということから始めて、最後には公聴会で証言できるように、大統領のところまで行ったのである。

## 左派グループもアメリカ議員に働きかけ

しかし、「慰安婦＝性奴隷」派の人間も、時間をかけてそういうことをやっていた。

ハルピンさんもたいへん人権問題に関心のある人なのだが、彼の夫人は韓国人である。

このハルピンさん、そしてハイド委員長のところに、慰安婦謝罪決議が持ち込まれたのである。左翼の慰安婦・性奴隷派も、われわれがやったのと同じようにやっていたのだ。

それに加えて、在米韓国人の左派グループがいた。韓国は金大中、盧武鉉と左翼政権が続き左派が肥大化していた。そしてその後ろには、実は中国政府と近い在米華僑のグループがあった。彼らは南京事件などのキャンペーンをずっとやっているグループだ。

この一〇年、日本の歴史問題をアメリカの中で取り上げようとする勢力ができていて、この人たちがアメリカの裁判所に徴用労働者のことで訴え出た。アメリカに進出している日本の企業を対象に補償を払わせるようなことをやっているのだが、こういう運動の旗振りをしていた一人が、マイク・ホンダ議員なのである。

カリフォルニア州では九九年八月、当時州議員だったホンダ氏が提案した賠償金を払うべきだという州議会決議が通り、二〇〇一年三月には、払うべきだという連邦議会の法案が下院に提出されたのである。国務省などは、サンフランシスコ講和条約で終わっているという立場に立っている。これがアメリカ政府の見解だった。

それでも彼らは、新しい法律で条約の解釈を変えて賠償を払わせようとしていた。ところが、このとき九・一一のテロが起きて、日米関係が大切だということになり、その動きはそこで止まっていたのだ。

しかし、日本を戦前のナチスドイツと同じように位置づけて、条約で終わっているはずの補償を払え、そして総理にも謝れというグループがアメリカの中にかなりできてきた。慰安婦のことは韓国系が中心なのだが、ホンダ議員は以前からこの問題に取り組んできていた。産経新聞の報道によると、彼は中国人グループから献金をたくさんもらっている人なのだが、問題の深刻さは、もっと別のところにある。

前にも述べたように、島田教授が二、三年前から指摘していたのは、アメリカの保守派の中に「慰安婦・性奴隷説」が拡散していたことだ。

議会の決議というのは、ものすごく多い。べつに拘束力があるわけではない。したがって委員長の権限でどれを審議するか、しないか、ということは決められるようになっている。去年〇六年の九月、ハイド委員長が主導して、慰安婦決議が、民主党、共和党が全会一致で委員会を通ってしまったのである。つまり、ハイド委員長のところまで、性奴隷派が辿りついているということが深刻なのである。

前回の決議も、今回の決議も、民主党の一部の議員だけが賛成しているのではないのである。共和党も賛成しているのだ。しかも賛成議員がどんどん増えている。保守派の人で、北朝鮮の人権問題を取り上げていて、反共的な立場で、そういう点では安倍政権の政策を支持しているような人たちも含めて、みんな賛成にまわっているのである。そこがものすごく深刻なところなのだ。

北朝鮮は今、国連をはじめいろいろなところでこんなことを言っている。

「日本は拉致問題を政治的に利用している。ほんとうに人権を言うなら、二〇万人のセックススレイブの問題こそまず解決すべきではないか」

これは日本に対してだけではなく、国際社会でもいつもそう言っていることなのだが、この北朝鮮のウソにアメリカの議会がお墨付きを与えるということになりかねないところまで来ているのである。

〇六年十月に、私は「家族会」の飯塚副代表と増元事務局長と、それから「救う会」の副会長の島田教授と四人でニューヨークに行った。国連の安全保障理事会の常任理事国と、拉致被害が判明している一二か国の代表部を訪問して、拉致問題の深刻さを訴え、より強い安保理事会での制裁を求めることと、それから国連総会で、北朝鮮人権非難決議案が審議されていて、その中に拉致問題も書き込まれているので、それがぜひ通るようにとお願いをしてきたのだが、その中の一日、国連総会での決議案の審議をしているところを傍聴する機会をもつことができた。

国連総会で採択されるものは、その下の委員会でまず審議する。委員会といっても、全加盟国が参加する大きな組織だが、第三委員会が人権問題などを扱う。その第三委員会で全加盟国が座っているところでの議論を傍聴した。

そこではまず日本が発言した。日本の大使が、

「ここに家族の人たちも来ているけれども、まだ拉致問題は解決していないのである。北朝鮮はにせの遺骨を送ってきたりしている。そして、話し合いにも応じてない」

と訴えたのである。これに対して北朝鮮が反論権を行使して反論した。

「金正日将軍様の配慮のもとに、すでに拉致問題は解決している。生きている人全員を帰したし、これで終わりなのだ。ところが日本は、もっとひどい人権侵害をしながら、まだ解決しようとせず、解決した問題を解決していないと言いつのる。これが日本のやり方だ」

そう言って、八〇〇万人の強制連行、二〇〇万人虐殺、二〇万人のセックススレイブの問題は未解決だと、われわれの見ている前で断言したのである。

これを国連の加盟国がみんな座って聞いているのだ。これに対してもう一回、日本が反論した。それを聞いていて私は情けなくなった。反論の論理構築がまったくできていないのである。日本の反論の仕方はこうだ。

「二〇万人というのは、数字が多過ぎる。そして日本は過去にこの問題で何回も謝っている」

これでは、これを聞いている人たちは、「二〇万人は多過ぎる」というなら、一〇万人ぐらいいたのかと思ってしまうではないか。しかも、謝っているのだから、やはりセックススレイブはあったんだなと思うのが当然である。

これでは北朝鮮の主張にも一理あると思われかねないような反論の仕方なのである。この反論には、九二年以降、日本で私たちが展開してきた論争の成果がまったく生かされていないのだ。

## アメリカのマスコミの安倍叩き・日本叩き

下院での慰安婦決議と関連するアメリカの新聞の安倍批判は、慰安婦と拉致を並べて、拉致問題での安倍の姿勢も疑うような記事まで出てきている。北朝鮮の反論と同じ日本非難を、アメリカの新聞がしている。たとえば、二〇〇七年三月二十四日付け「ワシントンポスト」社説は、次のように書いた。

――拉致問題についての日本の要求に対して、なかなか応じようとしない北朝鮮に、安倍が苛立ちを感じているのはわからないことではない。しかし、声高に北朝鮮を非難しながら、第二次大戦中、少なくとも十数万の朝鮮の女性を拉致したうえ、彼女らを強姦し、性奴隷にした日本自身の国家犯罪に対しては、その責任を回避するばかりか、そのような事実があったことさえ否定しようとする安倍の態度は、単に理解しがたいということを超え、不愉快きわまりないことだといわざるを得ない。

---

なぜこんなふうになってしまったのか。それは、アメリカ人が反日的だからとか、日本のことを知らないからとか、自分たちの東京裁判史観を正しいと思って、それを押しつけようとしているから、ということではないと思う。

そうではなくて、声を大にして言いたいのだが、それは日本がきちんと反論しなかったからなのだ。

本書の前半で見たように、日本国内での論争ではまだ完全ではないとはいえ、こちら側が勝ったと思う。事実関係について言えば、贖罪派でさえ、狭い意味での強制連行があったとは言えなくなっているのである。

ところが、世界では逆に、狭い意味での強制連行はあった、セックススレイブがいた、という北朝鮮が言いつのる主張が広まっているのだ。国連の報告書にも出ている。これに対して、日本の外交当局がやるべき仕事は、事実でないことを言われたら、「そうではない、それは違う」と反論することなのである。

日本は、狭い意味での強制連行は認めていない。事実ではない。「当時は、貧困による身売りがあり、女性の人権が侵されていた。今から考えれば、その犠牲者は同情に値するから謝ったのだ」という日本政府の立場をはっきり言うべきなのに、それを言わずに、「日本は謝っています。アジア女性基金をつくって、お金も渡しました」といった宣伝ばかりをしていた。

きちんと事実関係に踏み込んで反論しないから、北朝鮮の言っているセックススレイブというのは本当なのか、というふうに思われてしまう、誤解を広げるばかりなのだ。

米マスコミの安倍総理に対する批判には次のような事情もあった。先にも見たように、〇六年九月に前回の慰安婦決議が委員会を通過した前後から、外務省は総理の強い意向を受け、本会議での採択を阻止するために動き、結局、本会議上程がないまま会期が終了した。

しかし、〇七年一月、中間選挙後の新しい議会が始まるとホンダ議員がまた慰安婦決議案を提出した。これに対しても外務省は二月と三月、かなり一生懸命にアメリカの議員工作をやったのである。

二月には、加藤良三駐米大使の名前で、各議員宛に書簡を出した。さらに加藤大使は記者会見をして、事実誤認があるから決議には反対だと強調した。ところが、その事実誤認というのは何かというと、日本政府に謝れと要求しているが、すでに歴代日本の総理は何度も謝っている、として、書簡とともに河野談話、アジア女性基金や歴代総理の謝罪の言葉の資料を渡したのである。

こんなに謝っているのに、まだ謝る必要があるのですか、という反論をしたのである。

事実誤認があると言ったのは、慰安婦は性奴隷などではない、権力による強制連行はなかったという、私たちが論争してきた内容のことではなく、日本政府はすでに謝っている、ということだったのだ。

この書簡がちょっと話題になっていたところに、先にも書いたとおり、三月五日、安倍総理が国会で明確に言い切った。

「官憲が家に押し入って人さらいのごとく連れていくという強制性はなかった。『慰安婦狩り』のような官憲による強制的連行があったと証明する証言はない。米下院の決議案は事実誤認がある」

「決議が採択されたからといってわれわれが謝罪することはない。決議案は客観的事実に基づいていないし、日本政府のこれまでの対応も踏まえていない」

アメリカの議員からすると、加藤大使は歴代の総理が今まで謝っていると言っているのに、新しい安倍総理が、事実関係についての誤認だから謝らないと言っている。そうなると、大使の言っていることと違うではないか、安倍は今までの総理とは違う、今までの日本の態度を覆そうとしているのではないかと疑われて、やはり決議は必要かもしれないということになって、逆に急に賛成者が増えてしまった。

しかも、それにともなって米国メディアの批判も多くなったのだ。安倍総理だけが事実に踏み込んで反論し、外務省が事実に踏み込んで反論していないから、逆に、安倍総理が今までの方針から離れて、歴史修正主義的なことを言いはじめたのではないか、過去の軍国主義を賛美しようとしている、というふうに思われかねない下手なやり方を外務省はやったのだった。

対策をとったことはとったのだが、その対策というのが、今までと同じように、事実関係に踏み込まない対策であったために、逆に火に油をそそぐ結果になってしまったのである。

## 日本への非難決議を防ぐために

この問題について、決議自体は通っても、拘束力もないし、年間数千本提出される決議の一つにすぎないから、やり過ごしてもいいではないかという議論もある。しかし、記録として残るし、北朝鮮は国連の場などでそれを利用して、「アメリカの議会でも決議したとおり」と日本糾弾を強めるだろう。

したがって、その決議自体を軽く見てはいけない。そして、もっと深刻なのは、先ほどから繰り返しているように、決議に書かれている性奴隷説を、アメリカで保守派まで含めて広く信じているということなのである。誤解が広まってしまっているのだ。

だから早急に、「慰安婦問題」に関する国際的誤解を解く取り組みを進めるべきなのだ。

わたしは、ホンダ決議が提案されて以降、さまざまなところで次のような提言を続けている。

---

「慰安婦問題」に関する国際的誤解を解く取り組み案

慰安婦問題に関する現時点での日本政府の認識を示す新たな官房長官談話か首相談話を出し、その線に沿って上記のウソを正す大規模な対外広報活動を政府、議会、民間が協力して組織的に展開することである。

新談話では、河野談話を「説明不足で誤解を招きやすい表現が含まれており、その後の調査、研究の進展にも見合わない古いもの」と位置づける。

新談話を出す理由として、河野談話以降、調査研究が進展したことと、国連人権委員会報告や米議会決議など国際的関心が寄せられ続けていることを述べる。

「狭義の強制」＝権力による強制連行の事実は立証されていないという点を強調しつつ、河野談話が「広義の強制」＝意思に反して慰安婦となった方々への同情と遺憾の意を表明したことは変化がないこともきちんと述べる。

対外広報活動の中では日本は自由、民主主義、人権、法の支配という人類の普遍的価値観に立脚する国であることを強調する。

事実無根の反日宣伝の背景には、日米離間を狙う左翼全体主義勢力の政治工作があることを明らかにする。

日本の極右勢力の軍国主義賛美だという中傷を避けるよう努力することも大切だ。

日本が政府、民間双方で拉致問題をはじめとする北朝鮮人権問題に取り組んでおり、金正日政権とそれを支える中国共産党こそが現在、重大な人権侵害を続けている。彼らが、過去の歴史を持ちだして日本への非難を続けるのは、自分たちが現在行っている人権侵害を一番強く非難するのが安倍政権と日本の保守派だとわかっているからだと、訴えるべきだ。

もう一つ、対外広報においては、「日本政府は過去一度も、公権力による慰安婦連行の存在を認めたことはない」「河野談話でも公権力による連行は認めていない」ことを繰り返し強調すべきだ。

河野談話は、日韓関係の更なる悪化を懸念した日本政府が、対韓融和のために出した迎合的、かつ曖昧きわまりない「妥協の文書」であった。

韓国からの「強制連行があったと何が何でも認めよ」との理不尽な要求に直面して、それに反論するのではなく、むしろ一方的に押される形で発出されたのがこの談話である（石原信雄証言）。

だから、早急に新談話を出すべきだが、確認しておくべきことは、河野談話でさえ権力による強制連行は認めていないということだ。本書の前半で詳しく論じたが、河野談話の慰安婦募集に関する表現は以下の通りだ。

「慰安婦の募集については、①軍の要請を受けた業者が主としてこれに当たったが、その場合も甘言、強圧による等、本人たちの意思に反して集められた事例が数多くあり、さらに、②官憲等がこれに加担したこともあったことが明らかになった。また、③慰安所における生活は、強制的な状況の下での痛ましいものであった」

河野談話が認めた強制は①と③、つまり、「業者による本人の意思に反する募集」、「慰安所での生活」の二つであり、これがいわゆる「広義の強制」である。

公権力による組織的な強制連行が「狭義の強制」であり、それは認めていない。「狭義の強制というものは立証されていない」との安倍首相の国会答弁はこのことを主張した正しいものだ。

ただし②の部分の表現は、読み方によると権力による強制連行＝「狭義の強制」を認めたと誤解されやすいが、河野談話を出した内閣官房の公式説明ではこの表現も権力による強制連行を認めたものではない。

「日本の前途と歴史教育を考える若手議員の会」が編集した『歴史教科書への疑問』（一九九七年）に外政審議室担当者の証言として明らかにされているが、これは、ジャワ島であった一部軍出先機関による戦争犯罪事例を指しているに過ぎない。関係者は、戦後の連合国による戦犯裁判で死刑、懲役刑などになった。

そもそも、同盟国の米議会でこのような著しく事実に反する決議が提出された事態は、これまでの外務省が展開してきた対外広報が、日本国内の左翼と反日マスコミ、中国共産党や北朝鮮、韓国左翼が展開しているウソに基づく反日謀略宣伝に有効に対応してこなかった証拠だ。

われわれ日本の保守陣営でも、米国の保守派知識人、政治家らとの歴史観に踏み込んだ深いレベルでの対話を構築しなければならない。米国など海外主要国保守派とのネットワークを築くことが求められている。そのために、米国のヘリテージ研究所などに匹敵する民間の保守シンクタンクを日本で早急に整備し、強く訴えたい。

## 二〇〇七年四月総理訪米の成果は？

安倍総理は四月二十六、二十七日訪米した。慰安婦問題で米マスコミが激しい安倍批判をしている中での訪米だった。慰安婦問題に関する国際的誤解を解くという観点から、安倍訪米を評価したい。日米同盟強化という本来なすべき訪米の狙いを十分達成しつつ、慰安婦問題から逃げず、現時点で総理の立場から言っておくべきことをきちんと話したからだ。

総理はワシントン到着後、まず議会を訪れ、共和、民主両党の指導的議員一一人と会談した。そのメンバーは下院民主党トップのペロシ下院議長、上院民主党トップのリード院内総務、上院共和党トップのマコネル院内総務をはじめ、ホンダ決議を取り扱うラントス下院外交委員長、日系のダニエル・イノウエ上院議員、共和党のベイナー下院院内総務などが含まれ（上院は副大統領が議長を兼ねるので、議員のトップは両党院内総務になる）、ペロシ議長が「これだけ議会指導者が集まったのは、首相への敬意の表れよ」と語ったほど豪華な顔ぶれだった。報道によると、首相は慰安婦問題について、「私の真意や発言が正しく伝わっていない。私は辛酸をなめた元慰安婦の方々に、個人として、また首相として心から同情するとともに、そうした極めて苦しい状況に置かれたことについて申し訳ないという気持ちでいっぱいだ」「二〇世紀は人権侵害の多い世紀であり、日本も無関係ではなかった。二一世紀が人権侵害のない、より良い世紀になるよう、日本としても全力を尽くしたい」と述べた。

また、ブッシュ大統領との会談でも慰安婦問題に触れて、「慰安婦の方々は非常に困難な状況の中で、辛酸をなめられた。苦しい思いをされたことに対して、人間として首相として、心から同情をしているし、そういう状況に置かれていたことに対して申し訳ない思いだ。二〇世紀は、人権があらゆる地域で侵害された時代だった。二一世紀を人権侵害のない素晴らしい世紀とするために、私も日本も大きな貢献を果たしていきたい」と語った。

この二つの発言はほぼ同じで、事前に準備されたものだ。わたしは、最初に議会を訪問し、その席で自分のほうから慰安婦問題を持ち出したことにまず驚いた。逃げないで立ち向かう姿勢がここに出ている。

そして報道された発言を検討してみた。便宜上、二つの発言を総合して、内容のまとまりごとに通し番号をつけてみた。

① 私の真意や発言が正しく伝わっていない。

②慰安婦の方々は非常に困難な状況の中で、辛酸をなめられた。苦しい思いをされた。
③そのことに対して、人間として首相として、心から同情をしている。
④そうした極めて苦しい状況に置かれたことについて申し訳ないという気持ちでいっぱいだ。
⑤二〇世紀は人権侵害の多い世紀であり、日本も無関係ではなかった。
⑥二一世紀が人権侵害のない、より良い世紀になるよう、日本としても全力を尽くしたい。

こうして、整理してみるとよく考えられたものだと思う。

①で、この間の米国マスコミなどの批判に異議を述べている。その上で、河野談話で日本政府が認めた「広義の強制」すなわち、慰安婦の主観的気持ちに則して、②慰安婦は、辛酸をなめ、苦しい思いをされた、つまり「広義の強制」はあったと述べ、③それに対して同情を表明した。ここまでは、順当だろう。

問題は次の④にある「申し訳ない」と謝った部分だ。総理は国会で米議会が決議を採択しても謝罪しないと明言している。それとここでの「申し訳ない」との表明は矛盾しないのか。私は、ぎりぎり矛盾しないと考える。

なぜなら、申し訳ないとする対象が「慰安婦らが苦しい状況に置かれたこと」と限定されているからだ。当時は貧困などを理由に慰安婦にならざるをえない状況があった、当時の日本の為政者らもそれがよいことだとは思っていなかったはずで、その意味から日本の総理として「申し訳ない」という「気持ち」になるということだ。こちらの主観的な思いの表明である。悪業や犯罪行為などを認めた「謝罪」はしていないと解釈できる。だから、「謝罪しない」という答弁と矛盾はないといえる。

⑤⑥は、表現は考えているが、日本の自己主張と理解できる。つまり、⑤の「二〇世紀は人権侵害が多くあった」ということは、米国も含む世界中に多く人権侵害があったということを意味している。特に「日本も無関係ではなかった」という言い方は慰安婦問題も当時世界に多数あった人権侵害の一つで、当然、二〇世紀を生きた日本も他国同様そのようなことに「無関係ではなかった」のだという自己主張が含まれる。

そして、⑥では、すでに二〇世紀後半で貧困を追放することによって慰安婦のような人権侵害をなくすことができた日本としては、北朝鮮や中国の独裁政権下で今も続く人権侵害をなくすために「全力を尽くしたい」と決意表明をしている。

ブッシュ大統領には、私が理解したような安倍発言の文脈と主張が伝わったのか。首脳会談でのやりとりで、安倍総理がブッシュ大統領に慰安婦問題の真実をどこまできちんと伝えられたのか。これは当事者に聞かなければわからない。

記者会見でブッシュ大統領は慰安婦問題について次のように述べた。

「ⓐ慰安婦問題は痛ましい歴史上の出来事だ。ⓑ首相の謝罪を受け入れる。ⓒまた首相の率直な説明に感謝する。ⓓわれわれの仕事は過去から学び、ⓔ将来に向けて国を率いていくことだ」

このⓐは、安倍発言の②③とぴったり一致する認識の表明になっている。

ⓑは④に対するものだ。ただし、安倍発言の④はブッシュ大統領や米国に対する「申し訳ない気持ち」ではないのに、なぜブッシュ大統領が「受け入れる」という語を使ったのかはわかりにくい。

しかし、謝罪を受け入れたあとにⓒの「感謝」が来るので、次のようなブッシュ大統領の真意が理解できた。

ⓑの「謝罪を受け入れ」は、米国内での安倍批判を踏まえて、安倍の真意を知って米国は安倍を批判すべきでないという意味の「受け入れ」であり、ⓒは安倍が慰安婦問題の真実をきちんと説明したことへの「感謝」なのだ。

ⓓ「われわれの仕事は過去から学び」は安倍発言⑤「二〇世紀は人権侵害の多い世紀であり、日本も無関係ではなかった」という過去認識と対応し、ⓔ「将来に向けて国を率いていくことだ」は、安倍発言⑥「二一世紀が人権侵害のない、より良い世紀になるよう、

日本としても全力を尽くしたい」とやはりぴったり一致している。

このように見ると、ブッシュ大統領は慰安婦問題における安倍総理の説明を聞いて、心からの支持を表明したと読めるのだ。

また、議員らとの会談では、日系のダニエル・イノウエ上院議員（民主党）は「残念なのは慰安婦問題をめぐる米国内の動きだ。これまで七人の日本の首相が謝罪をしているにもかかわらず、こういうことが今後もずっと続くのかと思うと疑問を感じる」と応じた。他の議員から、慰安婦問題への言及はなかったという。

そして、特記すべきは慰安婦決議案を審議している米下院外交委員会のラントス委員長が「日本は安全保障面でも大国にふさわしい役割を果たすべきだ。そのために憲法を改正しようとする安倍首相の方針を強く支持している」と述べたことだ。

米側の日本国憲法への態度の変遷をもう二〇年以上も追ってきた産経新聞の古森義久記者が、「ああ歴史とはこのように変わっていくのか」と感慨を覚えたと書いているが、民主党のリベラル派とみられるラントス委員長が日本の改憲に反対しないと明言したことは、米国内で同じ価値観を有する日本への信頼がかつてなく高まっている証拠だ。

慰安婦決議と三月の米国マスコミの安倍批判の論旨からすれば、過去の日本の侵略行為を美化する歴史修正主義者である安倍総理が率いる日本の改憲には反対すべきはずだ。そういう意味で、議員らにも安倍総理の真意はきちんと伝わったと考えられる。

このように見ていくと、ワシントンでの慰安婦問題に関する安倍発言は高い評価をつけてよいと、私は考えている。

もう一つ、見逃せないことは、訪米に同行した安倍総理側近の下村博文官房副長官が四月二十六日午後、ワシントン市内で開催されていた「北朝鮮ジェノサイド展」を訪問したことだ。

この展覧会は米国で北朝鮮人権問題に取り組む団体、活動家の全米協議体「北朝鮮自由連合」（スザンヌ・ショルティ代表）が主催する毎年恒例の「北朝鮮自由週間」行事で、「家族会」と「救う会」代表は毎年参加している。

展示内容は日本人拉致被害者の写真や関係資料、中朝国境地帯や北朝鮮内で撮られた脱北女性や子供たちの悲惨な境遇を表す写真パネル、苦しい生活ぶりを示す所持品、自由への願いを記した手紙、映像資料などだ。当日の様子は現場にいた島田洋一教授の報告によると次のようだった。

ワシントン市中心部の会場を訪れた下村副長官を訪米中だった家族会増元事務局長、拉致被害者、松木薫さんの姉斉藤文代さん、島田「救う会」副会長をはじめ、韓国系米人の人権活動家ナム・シヌ氏（「北朝鮮自由連合」副代表）、訪米中の脱北者代表、連邦議員有志のスタッフらが総出で歓迎した。

ナム副代表の案内のもと、下村副長官は丁寧に展示物を見て回り、参集者ともども、北朝鮮における公開処刑の映像（約一〇分間）にも目を凝らした。「日本人拉致コーナー」前では、特定失踪者を親族にもつ「ワシントン拉致連絡会」代表・浅野泉氏夫妻が、アメリカでの活動などについて説明した。

その後、脱北者代表らは記念撮影を望み、副長官を真ん中に何枚も写真を撮った。別れ際、「来訪に心から感謝する」と言いつつ副長官と握手していたナム氏が思わず涙ぐむ場面もあった。

ナム氏や、スザンヌ・ショルティ北朝鮮自由連合代表、脱北者代表らから聞いた下村副長官訪問の評価は以下のようだった。

「ブッシュ政権が曖昧な核合意に囚われてふらつく中、日本の政府高官が、何より重要な人権問題に積極的関心を示してくれたことの意義は大きい」

「韓国政府の人間は、いくら呼びかけても返事すら寄越さない。改めて、韓国政府への怒りがわいてくる。日本は、盧武鉉など相手にする必要はない」

「現に中朝国境地帯で、脱北女性がセックススレイブにされている事実に見て見ぬふりをしている連中が、慰安婦問題など過去の話を持ち出して善人ぶるのは、偽善の最たるもので許しがたい」

アメリカ人はきちんと説得すれば、わかってくれる人たちである。ところが今まで日本政府はそれをやってこなかったから、内外の慰安婦性奴隷派はどんどん謀略宣伝を展開し、オセロゲームのように本来、こちらの見方であるべき陣地の白が黒に変わっていったのだ。しかし、これは完全に固定化しているわけではなくて、もう一度戻すことができる。

慰安婦問題をめぐる国際的誤解を解くための官民合同の取り組みが、今こそ求められているのだ。

先に私は、安倍総理の訪米を評価したが、それは当面の米国への働きかけという点に限定してのことだ。次に安倍政権がなすべきことは「狭義の強制連行はなかった」ということを明確にした、わかりやすい政府見解を出すことだ。それを各国語に翻訳して、ホームページなどで静かに、しかし着実に広報していくべきだ。

## ウソを暴き、真実を主張しつづけること

この本を書くのに、資料を集めていたとき、興味深い講演記録を読んだ。吉見教授が二〇〇二年七月福岡で行った「日本軍『慰安婦』問題の研究成果——『慰安婦』制度・合法

論を打ち破るために」と題する講演だ（前掲『戦争と性』第25号）。そこで、慰安婦制度と公娼制度の異同について、吉見教授は、次の四つに分類した。

A　両者は同じもので、「商行為であり、合法であり、許される」↓新しい歴史教科書をつくる会

B　両者はまったく別物であり、「慰安婦」制度は許されない　↓初期の韓国の運動体「韓国挺身隊問題対策協議会」

C　両者は許されないが、「慰安婦制度」は公娼制度より悪質である　↓吉見教授

D　両者は同じ性格のものであり、ともに許されない　↓フェミニズムの女性史家

Dの立場の女性史学者らは、吉見教授がAの立場を批判する際に、慰安婦は公娼と違うと強調しているが、それでは公娼制を美化することになる、と批判した。

Dからすると、「本人が、自由意志でその道を選んだように見えるときでも、売春は、実は何らかの強制の結果なのである」として、慰安婦も公娼も性奴隷だという。

話がここまで進むと、Aに分類されている立場に吉見教授らは限りなく近づいてきたと見える。Aの立場は、公娼も慰安婦も「当時の時代背景の中では許されていたが、悲惨な

ことで同情する」と主張しているに過ぎず、「今でも許される」などとは誰も言ってない。安倍総理のワシントンでの発言もまさにそのことを語っていたことは、本書で検討したとおりだ。

そして、慰安婦も公娼もともに許されないというなら、なぜ、当時、日本にも世界の多くの国にもあった公娼制度を、吉見教授らは問題にしないのか。

本書第１部に詳しく書いたが、朝日新聞や吉見教授らの働きで慰安婦問題が急浮上した一九九二年、当時の宮沢総理は盧泰愚大統領に八回謝罪した。

わたしはそのとき、外務省の担当官に、総理は何に謝ったのか、権力による強制連行があったことに謝ったのか、貧困のため売られた被害者にも謝ったのか、もし後者なら、なぜ吉原の日本人公娼に謝らないのか、と尋ねた。

外務省はこれから調べると答えた。あれから一五年経って、権力による強制連行をいう人はいなくなり、吉見教授らは慰安婦も公娼も同じだと言いはじめた。そんなことは、一五年前からみな知っていた。あなたたちのために日本の名誉がどれほど傷ついたか知っているのか、強い怒りを覚える。

実際には行っていない奴隷狩りのような慰安婦徴用を行ったと言いつのり、韓国まで行って謝罪する職業的ウソつき。自分でキーセンに売られたと話している老女を「挺身隊として強制連行された慰安婦」として、平気でウソを書く新聞記者。それが発覚しても責任を問わない無責任新聞社。キーセン出身老女や二万六〇〇〇円の大金を貯金した老女を先頭にして日本を訴える厚顔無恥な弁護士。国連人権委員会に毎年わざわざ出向いて「慰安婦は性奴隷」などという奇抜な詭弁を報告書に書かせた自虐的NGO活動家。これらすべてが日本人だ。

ウソに始まり、詭弁が乱舞し、ついに米国議会で日本を糾弾する決議が採択される直前まできた。これらを推進しているのが「反日」日本人たちだ。

彼らは国際社会に膨大なネットワークを築き、こつこつと資料を集め、国際法の詭弁を開発し、私たちの祖国、そして彼らの祖国、この美しい国・日本を貶め続けている。この人たちの〝反日執念〟こそが、私たちの敵だ。

彼らがこの一五年間、いかにひどいウソをつき続けてきたかを、事実にもとづききちんと国際社会に訴える、それをすれば、絶対に私たちは勝てる。なぜなら、彼らはウソつきだからである。

# あとがきにかえて

私が本書を書いている最中の二〇〇七年五月十九日から二十一日までソウルで「第八回日本軍『慰安婦』問題解決のためのアジア連帯会議」が開催された。韓国、日本、朝鮮総連、東南アジアなどの関係者、運動家らとともに北朝鮮からも五人が参加した。北朝鮮代表がソウルで開かれるこの種の会議に参加するのは初めてという。会議を主催したのは「挺対協」（韓国挺身隊問題対策協議会、尹美香常任代表）だ。

本書で私は、慰安婦問題をうそでかためて国際社会にまき散らした「反日」日本人らの実態を告発したが、実は韓国で「反日」日本人と連携して活動しているのがこの挺対協だ。韓国での慰安婦運動をリードしてきた挺対協は、真実を明らかにして問題を解決することではなく日韓関係を悪化させることを目的としている。その挺対協が一九九〇年代初めより、北朝鮮と緊密な関係を維持してきた。慰安婦に関する国際的誤解拡散の背後には北朝鮮の政治工作がある。そのことを指摘してあとがきにかえたい。

本書で何回か引用したが、安秉直ソウル大学名誉教授は二〇〇六年十二月六日、韓国の

MBCテレビで「私も最初は強制動員があったと考え、韓国挺身隊問題対策協議会と共同で調査を行ったが、三年でやめた。挺対協の目的が、慰安婦問題の本質を把握し、今日の慰安婦現象の防止につなげることにあるのではなく、日本とケンカすることにあると悟ったからだ」と語った。

挺対協は一九九〇年十一月、三〇以上の女性団体が集まる連合組織として誕生した。そもそも、団体名に「挺身隊問題」とつけ続けていることから、真実を明らかにしようとする姿勢が希薄なことが分かる。

安秉直教授は九二年から三年間、挺対協と共同で元慰安婦の調査に当たった。その結果が「証言集1」で、その後、挺対協は「証言集2」「証言集3」を出したが、安教授は共同研究から離れた。疑わしき証言でも日本を攻撃できれば採用するという姿勢に耐えられなかったのだろう。

挺対協は九三年の河野談話による日韓両政府の妥協に強力に反対した。韓国政府は、一時金五〇〇〇万ウォン、毎月一五万ウォン(のちに五〇万ウォン)の支給と公営住宅への優先入居という生活支援を元慰安婦に実施した。日本は元慰安婦の聞き取り調査を行い、強制連行の定義を「本人の意志に反して集められたこと」にして談話を出した。韓国政府が経済的支援を行い、日本政府は強制を認めて謝罪した。慰安婦問題はこれで事実上終わった。

しかし、それでは日韓離間という挺対協の目的は達成されない。挺対協は「日本帝国主義がアジア女性一〇～二〇万名を国家制度として企画、立案して組織的に強制連行、拉致して日本軍の性奴隷にした世界でも類例のない残虐な犯罪だ」（ホームページより）とまったく事実に反する主張を掲げ、日本の公式謝罪、法的補償、責任者処罰などを叫んで運動を続けた。アジア女性基金に強く反対し、カネを受け取った元慰安婦を迫害しさえもした。国連人権委員会など国際社会に対しても日本のNGOと協力して「性奴隷」説に立って働きかけを行い、この流れが、ホンダ議員による米議会慰安婦決議案につながる。

北朝鮮は一九九二年八月、挺対協のカウンターパートになる「朝対委」（朝鮮日本軍慰安婦および強制連行被害者補償対策委員会）を組織した。朝対委は朝鮮労働党の工作機関の一つである統一戦線部のダミー組織だというのがソウルの専門家の見方だ。同年十二月、東京で開催された「従軍慰安婦」等国際公聴会で挺対協と朝対委の最初の出会いが実現する。挺対協は東京や北京などで朝対委との連携を強め、二〇〇〇年東京で開かれた「女性国際戦犯法廷」では昭和天皇らに対する「起訴状」を南北共同で作成し、二〇〇二年五月、朝対委が開いた平壌での国際会議に挺対協代表が参加した。

挺対協役員の家族、親戚には韓国当局から国家保安法違反で逮捕された人物がいる。尹美香・常任代表は二〇〇七年五月のソウルでの会議で、「慰安婦問題解決のために南北が一五年間連帯してきた」（水原市民新聞、五月二十三日）と自慢げに語ったが、彼女の夫の金三石は妹金銀周とともに、一九九三年、兄弟スパイ事件で逮捕され、懲役四年の実刑判決を受けている。金銀周は懲役二年、執行猶予三年でやはり有罪判決を受けた。そのうえ、金銀周の夫、崔キヨン民労党事務副総長は二〇〇六年に一心会スパイ事件で逮捕され裁判中だ。

今この瞬間にも、脱北女性らが数万円で中国の農村に売られ、「性奴隷」にされている。なかには逃げられないように鎖で足を縛られている女性もいる。これは北朝鮮と中国の両独裁政権の共犯で行われている許し難い人権侵害だ。誰が本当の敵なのか、うそをまき散らす勢力の背後に誰がいるのか、そのことを心に刻みながら本書を書いた。

本書をまとめることができたのは草思社の加瀬昌男会長、藤田博編集長のお勧めとご助力のおかげだ。感謝いたします。

二〇〇七年五月三十日

西岡　力

# 主要参考文献
（本文で引用したものを中心に）

◉書籍

秦郁彦『慰安婦と戦場の性』新潮社、一九九九年
秦郁彦『昭和史の謎を追う〈下〉』文藝春秋、一九九三年
大師堂経慰『慰安婦強制連行はなかった――河野談話の放置は許されない』展転社、一九九九年
上杉千年『検証「従軍慰安婦」――従軍慰安婦問題入門』全貌社、一九九三年
西岡力『日韓誤解の深淵』亜紀書房、一九九二年
西岡力『闇に挑む！――拉致、飢餓、慰安婦、反日をどう把握するか』徳間書店、一九九八年
西岡力『日韓「歴史問題」の真実』ＰＨＰ研究所、二〇〇五年
西岡力『北朝鮮の「核」「拉致」は解決できる』ＰＨＰ研究所、二〇〇六年
吉田清治『私の戦争犯罪　朝鮮人強制連行』三一書房、一九八三年
千田夏光『従軍慰安婦』(正篇・続篇) 双葉社、一九七三年（のちに三一書房・一九七八年）
百瀬孝『事典　昭和戦前期の日本』吉川弘文館、一九九〇年
平林久枝編『強制連行と従軍慰安婦』日本図書センター、一九九二年
伊藤亜人ほか監修『朝鮮を知る事典』平凡社、一九八六年刊（新訂増補二〇〇〇年）

武田幸男編『朝鮮史』山川出版社、一九八五年
新井佐和子『サハリンの韓国人はなぜ帰れなかったのか』草思社、一九九八年
島田俊彦『関東軍』中公新書、一九六五年（のち講談社文庫・二〇〇五年）
李命英『金日成は四人いた』成甲書房・東アジア叢書・一九七六年（のち『北朝鮮金日成は四人いた』ベストセラーズ・ワニ文庫、二〇〇三年）
伊藤孝司『証言従軍慰安婦・女子勤労挺身隊　強制連行された朝鮮人女性たち』風媒社、一九九二年
吉見義明・林博史編著『共同研究　日本軍慰安婦』大月書店、一九九五年
吉見義明編『従軍慰安婦資料集』大月書店、一九九二年
吉見義明・川田文子編著『従軍慰安婦をめぐる30のウソと真実』大月書店、一九九七年
倉橋正直『従軍慰安婦問題の歴史的研究　売春婦型と性的奴隷型』共栄書房、一九九四年
森川万智子『文玉珠　ビルマ戦線楯師団の「慰安婦」だった私』梨の木舎、一九九六年
小林よしのり『新ゴーマニズム宣言』〈第3巻〉〈第4巻〉小学館、一九九七年、九八年
石川逸子『「従軍慰安婦」にされた少女たち』岩波ジュニア新書、一九九三年
韓国挺身隊問題対策協議会・挺身隊研究会編『証言集1　強制で連れて行かれた朝鮮人慰安婦たち』一九九三年二月
『請求権資金白書』韓国経済企画院
戸塚悦朗『日本が知らない戦争責任――国連の人権活動と日本軍「慰安婦」問題』現代人文社、一九九九年

Hicks, George ; Comfort women, sex slaves of the Japanese Imperial Forces, Heinemann Asia, Singapore, 1995
（邦訳『従軍慰安婦　性の奴隷』ジョージ・ヒックス著・浜田徹訳・三一書房・一九九五年）
Gordon Cucullu ; Separated at Birth : How North Korea Became the Evil Twin
金英達編『朝鮮人従軍慰安婦・女子挺身隊資料集』神戸学生青年センター出版部、一九九二年

◉雑誌

臼杵敬子「もう一つの太平洋戦争　朝鮮人慰安婦が告白する　私たちの肉体を弄んだ日本軍の猟色と破廉恥」（『宝石』一九九二年二月号）
佐藤勝巳・田中明「謝罪するほど悪くなる日韓関係」（『文藝春秋』一九九二年三月号）
西岡力「『慰安婦問題』とは何だったのか」（『文藝春秋』一九九二年四月号）
西岡力・島田洋一「北・中・韓の反日プロパガンダに打ち勝たずして拉致の解決なし」（『正論』二〇〇六年一月号）
西岡力「めぐみさんの夫特定は好機だ！『反日』包囲網は理念外交で乗り越えられる」（『正論』二〇〇六年六月号）
西岡力「止まぬ歴史糾弾――理念外交への転換が急務だ」（『正論』二〇〇六年十一月号）
西岡力・伊東哲夫「『慰安婦問題』をいかに巻き返すか」（日本政策研究センター『明日への選択』二〇〇七年五月号）
板倉由明「検証『慰安婦狩り』懺悔者の真贋――朝日新聞に公開質問！阿鼻叫喚の強制連行は本当にあ

ったのか?」(『諸君!』一九九二年七月号)
上杉千年「検証　吉田『慰安婦狩り証言』——警察OB大いに怒る」(『諸君!』一九九二年八月号)
上杉千年『千田夏光著『従軍慰安婦』を切る——〝まぼろし〟の関特演従軍慰安婦二万人徴募要請」(『月曜評論』一九九二年九月二十八日号)
加藤正夫「千田夏光著『従軍慰安婦』の重大な誤り」(『現代コリア』一九九三年二・三月合併号)
島田洋一「アメリカにおける東京裁判史観見直しの好機と障害」(『正論』二〇〇五年九月号)
島田洋一連載「アメリカはどう動くか」22、24(『現代コリア』二〇〇七年三月号、五月号
島田洋一「米議会「慰安婦決議」は反日勢力と外務省の合作だ」(日本政策研究センター『明日への選択』二〇〇七年三月号)
秦郁彦「幻の『従軍慰安婦』を捏造した河野談話はこう直せ!」(『諸君!』二〇〇七年五月号)
江崎道朗「知られざる反日国際ネットワークの脅威と実態を暴く」(『正論』二〇〇五年七月号)
田中英道「『68年世代』の危険な隠れマルクス主義——左翼思想に染まったのは日本の『団塊の世代』だけではない」(『正論』二〇〇七年五月号)
三浦小太郎「この悲劇から目を逸らすな!　脱北者の多くは人身売買されている」(『正論』二〇〇七年六月号)
「特集『慰安婦』問題の現在」(谷口和憲編集発行『戦争と性』第25号、二〇〇六年五月三十日)

◉その他
「陸支密第七四五号」一九三八年三月四日
慰安婦関係調査結果発表に関する河野内閣官房長官談話　一九九三年八月四日
クマラスワミ「戦時の軍事的性奴隷制問題に関する報告書」一九九六年
予算委員会で小山孝男参議院議員が慰安婦問題に関する質問　一九九七年三月十二日
（米下院）「慰安婦問題で日本政府に謝罪を求める決議案一二一号」二〇〇七年一月

よくわかる慰安婦問題



著者との申し合わせにより検印廃止

2007年6月28日　第1刷発行

著　者　西岡　力
装幀者　前橋隆道
発行者　木谷東男
発行所　株式会社 草 思 社
〒151-0051　東京都渋谷区千駄ヶ谷 2-33-8
電 話　営業 03(3470)6565　編集 03(3470)6566
振 替　00170-9-23552
印　刷　株式会社三陽社
カバー　錦明印刷株式会社
製　本　株式会社坂田製本

ISBN978-4-7942-1601-4
Printed in Japan

草思社刊

## 飢餓とミサイル
北朝鮮はこれからどうなるのか

西岡　力

父親への屈折した思いを抱く独裁者・金正日の人間像を鮮やかに描きだし、拉致事件からミサイル実験にいたるまでその不可解な行動に隠された驚愕の国家戦略を精緻に分析する。

定価 1680 円

## サハリンの韓国人はなぜ帰れなかったのか
帰還運動にかけたある夫婦の四十年

新井佐和子

人道的な活動はなぜ「戦後補償問題」へと発展していったのか。韓国人帰還運動に献身した日韓夫妻の足跡をたどり、運動の真実を明らかにする。「戦後史観」の歪みを正す力作。

定価 1995 円

## 南京事件「証拠写真」を検証する

東中野修道
小林進
福永慎次郎

証拠として通用する写真は一枚もなかった！延べ三万枚を超える関連写真と比較照合、影の長さの計測など、あらゆる手法で「証拠写真」一四三枚の信頼度を検証した画期的研究。

定価 1575 円

## 日本帝国の申し子
高敞の金一族と韓国資本主義の植民地起源１８７６－１９４５

C・J・エッカート
小谷まさ代　訳

朝鮮初の大企業「京紡」の興隆を軸に、日本統治が朝鮮の近代化と韓国の経済発展に与えた影響を公正に検証する。ハーバード大学教授による日本植民地統治研究の最重要文献。

定価 2520 円

＊定価は本体価格に消費税５％を加えた金額です。

07. 7. 19 読了.